中国商标战略
年度发展报告
（2016）

中华人民共和国国家工商行政管理总局　商　标　局
商标评审委员会　编著

中国工商出版社

前　言

2016 年是"十三五"开局之年，也是商事制度改革进一步深化、商标注册和管理制度改革破冰的一年。全国各级工商行政管理和市场监督管理部门认真贯彻落实党的十八大和十八届三中、四中、五中、六中全会精神，按照国家工商总局党组决策部署，深入落实国务院简政放权、放管结合、优化服务的改革要求，大力推进商标注册便利化改革，切实加强商标监管执法，积极推动商标品牌战略实施，为推动品牌引领经济发展，建设商标品牌强国发挥了积极作用，各项工作成效显著。

——商标注册便利化改革加快推进。随着商事制度改革深入推进，改革红利得到持续释放，市场活力得到有效激发，2016 年，商标注册申请量达 369.1 万件，同比增长 28.35%，再创历史新高。7 月 14 日，国家工商总局印发《工商总局关于大力推进商标注册便利化改革的意见》，以解决商标注册和管理过程中存在的问题为导向，以实现商标注册便利化为主线，从拓展申请渠道、简化商标注册手续、优化商标注册流程、完善审查机制、加强商标信用监管等 5 个方面着手改革。2016 年年底，部分改革措施已切实落地见效：一是拓展商标申请渠道，在全国设立了 15 个商标注册申请受理窗口、30 个地方注册商标质权登记申请受理点。二是简化手续优化流程，商标注册申请受理通知书发放时间缩短至 3 个月之内，改变出具商标注册证明方式，为申请人提供优质服务。三是完善商标审查机制，实行商标审查工作部分委托、服务性工作全部外包，商标审查协作广州中心启动运行，积极推行独任审查制，合理调配审查力量，多措并举确保法定审限，缩短审查周期。全年共签发商标注册申请 299.95 万件，审结商标评审案件 12.52 万件。截至 2016 年年底，商标累计申请 2209.4 万件，累计注册 1450.9 万件，有效注册商标 1237.6 万件。

——商标品牌战略实施向纵深发展。一是加强商标品牌战略顶层设计。我国经济发展进入新常态，党中央、国务院高度重视品牌工作，国家工商总局准确把握新形势、新特点，将商标战略深化和发展作为商标品牌战略，广泛征求社会各界意见，研究起草了《关于深入实施商标品牌战略　推进中国品牌建设的意见》。二是加强对地方商标品牌战略实施工作的指导和支持。2016 年 12 月 1 日，国家工商总局与广东省政府签署了《国家工商总局　广东省人民政府建设商标品牌强省战略合作框架协议》，同日，国家工商总局批复同意在广州市设立国家商标品牌创新创业（广州）基地。三是加强商标品牌研究工作。积极推进"商标与经济发展关系"课题研究报告宣传与运用，加快构建商标品牌价值评价体系。

——商标监管执法力度不断加大。全国各级工商和市场监管部门按照国家工商总局统一部署，着力加大商标行政执法力度，以高知名度商标、地理标志、涉外商标为重点，深入开展打击侵权假冒工作，切实加强商标专用权保护，有效维护了公平竞争的市场环境。2016 年全系统共立案查处侵权假冒案件 2.8 万余件，涉案金额 3.5 亿元；捣毁制假售假窝点 717 个；依法向司法机关移送涉嫌犯罪案件 293 件，涉案金额 1.6 亿元。同时，国家工商总局不断完善打击侵权假冒工作长效机制，推进商标行政执法信息共享平台建设，利用信息化手段加强商标监管工作，积极推进线上线下一体化监管，不断加强代理机构监管工作，大力推进跨区域、跨部门商标执法协作，完善行政执法与刑事司法衔接工作机制，提升监管合力。

——商标品牌创新运用能力不断增强。一是积极推进商标品牌国际化工作，深化商标领域国际交流与合作。举办马德里商标国际注册体系成立 125 周年纪念活动，促进商标国际保护和全球化发展，加强商标国际注册的宣传培训，指导地方开展商标国际注册工作。2016年，我国申请人提交马德里商标国际注册申请3014件，同比增长29.8%，在马德里联盟中排名第五位。二是指导企业开展商标权资本化运作，运用商标质押帮助企业解决"融资难、融资贵"问题。2016年，共办理注册商标质权登记1410件，帮助企业融资649.88亿元。三是持续推进"商标富农"和运用地理标志精准扶贫工作，深入基层开展地理标志和农产品商标运用、管理工作的调研，加大对地方开展地理标志工作的指导力度。截至2016年年底，地理标志商标累计注册3374件。

——商标公共服务水平不断提高。一是不断优化商标注册大厅、国家工商总局商标局（以下简称商标局）驻中关村办事处、商标局驻广州办事处、地方商标受理窗口等单位的服务，严明工作纪律，规范工作流程，提升服务水平。二是不断改善中国商标网公共服务功能，扩大网上申请比例，着力为申请人提供高效便捷的商标注册服务。全年网上注册申请商标300.1万件，占同期申请总量的81.29%。三是加强宣传和舆情应对工作。拓展宣传渠道，确保改革动态及时通过各类媒介传达给社会公众，制作了卡通版《商标注册申请指南》向公众免费赠阅。

——商标工作基础建设取得新成绩。一是完成《商标审查及审理标准》修订工作。商标局和国家工商总局商标评审委员会（以下简称商评委）成立审查、审理标准修订小组，在反复征求意见的基础上，2016年完成了《商标审查及审理标准》的修订工作，2017年1月初对外界发布。二是修订完成了新的《商标档案归档范围及保管期限表》《商标文件资料保管期限表》，保证商标档案管理工作的良性循环。三是加强商品分类研究，着手对商品服务数据库进行分阶段和分类别逐步清理。四是不断加强商标信息化建设，完成服务器内存扩容，提升网上申请的服务速度。

此外，商标代理管理、法制建设、国际交流、队伍建设等各项工作也取得新的进步，为推动商标事业改革发展提供了重要支持。

为全面反映2016年商标工作取得的新成绩，展示商标品牌战略发展动态，以期进一步增强全社会商标意识，更好地指导地方商标工作，提高企业商标运用和品牌创造能力，遵照国家工商总局局长张茅、副局长刘俊臣指示，商标局、商评委共同编撰了《中国商标战略年度发展报告（2016）》（以下简称《年度发展报告（2016）》）。

《年度发展报告（2016）》共十四章，以"商标注册便利化改革"开篇，系统记述2016年度各级工商和市场监管部门在商标申请和注册、商标行政执法、地理标志和农产品商标、商标评审、商标法治建设、商标代理、地方商标工作、国际注册与海外维权、国际及港澳台交流与合作、商标宣传、商标基础建设和信息化建设、商标队伍建设等方面的最新进展和突出成绩，汇总了商标领域发生的重大事件，并对各类商标数据进行了统计分析。

作为我国实施商标战略的重要参考文献和综合性年刊，《年度发展报告（2016）》集权威性、资料性、实用性于一体。希望该书的出版能让社会各界对商标事业有更加深入的了解，更好地指导地方商标工作，引导企业树立商标意识和品牌理念，为推进品牌经济发展和全面深化改革作出积极贡献。

在本书的撰写过程中，国家工商总局办公厅、综合司和有关司局、直属单位及地方各级工商和市场监管部门给予大力支持，在此谨表示衷心的感谢！

由于时间仓促、水平有限，本书难免有疏漏和缺憾之处，敬请广大读者不吝赐教，批评指正。

国家工商总局商标局　商标评审委员会

2017年3月25日

目 录
CONTENTS

第一章　商标注册便利化改革

2016 年，为贯彻落实国务院推进简政放权、放管结合、优化服务的改革部署，国家工商总局针对商标申请渠道单一、服务渠道不够畅通等社会比较关注的问题，坚持把握问题导向，广泛听取有关地方、企业和专家意见，有针对性地研究制定改革措施，力求回应社会关切，提供优质服务，激发市场活力。2016 年 7 月 14 日，制定出台了《工商总局关于大力推进商标注册便利化改革的意见》，各项改革措施逐步落地，改革进展顺利，改革成效显著。

一、拓展商标申请渠道，为申请人提供便利

（一）委托地方受理商标注册申请。为进一步方便申请人就近办理商标申请业务，商标局改变多年来"集中受理"的做法，积极推动委托地方工商和市场监管部门受理商标注册申请。经过充分调研，2016 年 7 月 5 日、6 日，四川雅安和浙江台州商标受理处作为首批试点启动运行，9 月 28 日，商标局批准 13 个单位设立商标受理窗口，11 月 1 日，首批新设立的商标受理窗口全面启动运行。同时，商标局多措并举，保证商标受理窗口顺利运行，制定下发了《委托地方工商和市场监管部门受理商标注册申请暂行规定》，明确了受理窗口的职责和设立窗口的报批程序等；制定窗口启动前的培训和验收制度，保证人力和物力保障到位；坚持

▲ 2016 年 7 月 5 日，商标局副局长（正司级）崔守东、闫实赴四川参加商标局雅安商标受理处启动仪式。

对窗口收文进行抽检和财务核查，及时发现问题，改进工作；坚持落实窗口单位月报制度，掌握窗口工作情况。2016年各地商标受理窗口共受理商标注册申请3440件，为当地申请人就近提交商标注册提供了极大便利。

（二）设立地方注册商标质权登记申请受理点。为方便企业办理商标质权登记，促进解决企业融资难题，商标局在2015年启动设立地方商标质权登记申请受理点试点工作的基础上，2016年将商标质权登记申请受理点试点范围扩大至全国24个省市的30个工商和市场监管局，同时制定下发了《注册商标专用权质权登记受理点工作规程》，加强对地方受理点的管理，保证商标专用权质权登记受理点规范有序高效运行。2016年全年全国共办理质权登记申请1410起，同比增长20%，帮助企业融资649.9亿元，其中，30个地方受理点办理质权登记439起，其数量占比31%，帮助企业融资89.9亿元，金额占比14.9%，体现出地方受理点根据本地

▲ 2016年6月22日，全国工商（市场监管）系统商标质押融资工作经验交流暨培训工作会议在浙江省台州市召开，全国31个省、自治区、直辖市工商局和25个设立受理点的工商局负责人参加，中国人民银行、银监会和浙江省相关部门负责人受邀参加会议。国家工商总局副局长刘俊臣出席会议并讲话。

经济结构特点，灵活支持小微企业通过商标权质押获取小额贷款的业务特色，切实帮助小微企业解决"融资难、融资贵"的问题。

（三）积极推行网上申请。商标局积极谋划、多方调研、充分论证，积极推进将网上申请由仅对商标代理机构开放扩大至所有申请人，并扩大商标网上申请的受理范围。为做好网上申请的准备工作，商标局赴国家知识产权局等部门调研、广泛征求各方意见、积极落实软件需求、督促相关软件开发，目前，各项准备工作进展顺利，网上申请系统将于2017年第一季度正式启动运行。

二、简化手续优化流程，为申请人提供优质服务

（一）优化工作流程，缩短受理通知书发放时间。为回应社会关切，商标局改革工作模式，着力解决商标受理通知书发放时间过长的问题。目前，通过调整工作流程、增加工作人员、公布《类似商品和服务区分表》以外可接受商品服务项目名称及商标形式审查标准等方式，受理通知书发放时间已由6个月缩短至3个月以内。

（二）**改变出具商标注册证明方式、简化部分商标申请材料和手续**。商标局积极谋划，主动作为，探索优化商标注册流程，简化商标申请手续，为申请人提供更为便捷高效的商标注册服务。取消出具商标注册证明申请书原书式，简化申请材料和手续，对申请人在商标注册大厅、地方受理窗口直接办理除转让、移转以外的申请事宜，不再要求提交经办人身份证复印件等业务有了更加便利的新规定。

（三）**改进商标注册证发文方式和内容版式等**。为进一步便利申请人，商标局改变直接申请注册商标的商标注册证发放方式，2017 年 1 月 1 日起商标注册申请人直接提交或网上提交的商标注册申请，该商标核准注册后，将向商标注册申请人直接寄发商标注册证，不再寄发领取商标注册证通知书等改革措施相继出台，进一步提高工作效率，满足社会需求。

（四）**逐步推进商标注册全程电子化**。开放商标数据库，2016 年 7 月，商标数据实现了全系统共享，工商系统内各部门可运用商标数据库信息加强商标监管工作。改善中国商标网栏目设置，提升中国商标网服务体验，加强内容更新，提升网站时效性和实用性。

（五）**进一步提升商标窗口服务水平**。商标局公布了《商标注册申请常见问题指南》，并要求窗口工作人员认真学习、熟练掌握、灵活运用，提升窗口服务规范化水平。此外，通过设立引导员为申请人提供即时服务、规范工作人员服务用语和在注册大厅设置意见箱等方式，不断提高窗口服务水平。

三、完善商标审查机制，提高商标审查效率

（一）**实行商标审查工作部分委托、服务性工作全部外包**。为进一步缩短审查周期，保证商标法定审限要求，商标局全面落实《工商总局关于完善商标审查机制、提高审查工作效率的意见》（工商人字〔2014〕73 号），与商标审查协作中心签订了《委托协议书》《外包协议书》，自 2016 年 4 月 1 日起，将商标注册申请、商标变更、转让、续展、许可备案、撤三等业务的形式审查和实质审查工作移交给商标审查协作中心。

（二）**设立京外商标审查协作中心**。为进一步缩短审查周期，商标局积极推进设立京外商标审查协作中心试点工作，2016 年 12 月 1 日，商标审查协作广州中心正式挂牌，接受商标局委托开展商标审查工作。

（三）**积极推行独任审查制，确保法定审限**。目前，商标审查业务独任率已经达到 69%，国际业务顺利实现去国际注册申请、国际异议、商评委裁定翻译通知等五项业务

▲ 2016 年 12 月 1 日，国家工商总局局长张茅（左二）、广东省省长朱小丹（右二）、国家工商总局副局长刘俊臣（左一）、广州市市委书记任学锋（右一）共同为国家工商行政管理总局商标审查协作广州中心揭牌。

的独任审查，7 月 1 日起异议全面推行独任审查。

（四）不断健全质量管理监督机制。 商标局制定出台了《关于加强对审查协作中心审查业务指导的意见》，强化对商标审查协作中心的业务指导和质量监管，确保商标审查质量。同时建立现场指导制度及疑难案件会商制度，做好纠错管理、审限管理、审查质量管理及人员培训等各项工作。

第二章　商标战略实施

2016 年是"十三五"开局之年，国家工商总局深入学习贯彻党的十八大和十八届三中、四中、五中、六中全会精神，深入贯彻习近平总书记系列重要讲话精神，紧紧围绕统筹推进"五位一体"总体布局和协调推进"四个全面"战略布局，以供给侧结构性改革为主线，以商标注册便利化改革为推手，深入实施商标品牌战略，推动商标品牌建设取得突破性进展，为促进经济提质增效转型升级提供有力支撑。

一、开门改革，推动商标品牌战略向纵深发展

（一）加强商标品牌战略顶层设计。 自 2009 年《关于贯彻落实〈国家知识产权战略纲要〉大力推进商标战略实施的意见》发布以来，我国商标工作取得了显著成效，实现了商标战略的阶段性目标。当前，我国经济发展进入新常态，党中央、国务院高度重视品牌工作，国家工商总局准确把握新形势新特点，将商标战略深化

▲ 2016 年 8 月 30 日，商标局在云南昆明召开"商标品牌战略实施工作座谈会"。

和发展为商标品牌战略，分别在北京、江苏、云南召开座谈会，广泛征求社会各界意见后，研究起草了《关于深入实施商标品牌战略　推进中国品牌建设的意见》。

（二）加强对地方商标品牌战略实施工作的指导和支持。 2016 年，国家工商总局统筹兼顾，创新工作方式，结合各地经济社会发展特点，推动地方落实商标品牌战略。加强部省合作，2016 年 12 月 1 日，国家工商总局与广东省政府签署了《国家工商总局 广

▲ 2016年12月1日，国家工商总局副局长刘俊臣（前排左）、广东省副省长许瑞生（前排右）分别代表国家工商总局、广东省政府签署《关于广东建设商标品牌强省战略合作框架协议》，国家工商总局局长张茅（第二排左中）、广东省省长朱小丹（第二排右中）、广州市市委书记任学锋（第二排右四）见证协议签署。

东省人民政府建设商标品牌强省战略合作框架协议》，同日，国家工商总局批复同意在广州市设立国家商标品牌创新创业（广州）基地。积极组织、主动参与商标品牌战略主题论坛和开展调研等活动，主要有：第二十届丝博会暨第二十届西洽会期间的"'一带一路'商标品牌建设交流合作论坛"、2016年中国国际商标品牌节、南方品牌高端论坛等。

（三）规范发展商标品牌服务业。加强商标代理机构监管，支持和鼓励商标品牌服务业加强行业自律。推动制定《商标代理信用信息管理暂行办法》《中华商标协会商标代理行业道德规范》《中华商标协会商标代理服务规范》《中华商标协会商标代理机构会员单位信用信息管理办法》等规章制度。

（四）加强商标品牌研究工作。一方面，积极推进"商标与经济发展关系"课题研究报告宣传与运用，课题报告已印刷成书5000册并分送社会各界；另一方面，加快构建商标品牌价值评价体系。中国商标品牌研究院成立了品牌评价指标体系课题组，形成了《商标品牌评价指标体系阶段性调研报告》，并已构建了中国商标品牌评价标准体系；研究起草了《中国商标品牌发展报告》、"2016沪深上市公司商标品牌价值排行榜（100强）"和"10个行业的品牌10强"。

二、服务大局，积极推进国家知识产权战略实施

（一）贯彻落实党中央、国务院工作部署，有效发挥知识产权制度引领创新发展的积极作用。2016年3月，国务院批复同意建立国务院知识产权战略实施工作部际联席会议（以下简称联席会议）制度，作为联席会议的重要成员单位，国家工商总局推动出台了《国务院办公厅关于印发2016年全国打击侵犯知识产权和制售假冒伪劣商品工作要点的通知》《国务院办公厅印发〈国务院关于新形势下加快知识产权强国建设的若

干意见〉重点任务分工方案的通知》《国务院办公厅关于印发知识产权综合管理改革试点总体方案的通知》《国务院关于印发"十三五"国家知识产权保护和运用规划的通知》等文件，有力地推动知识产权事业取得突破性进展。

为贯彻落实《国务院关于新形势下加快知识产权强国建设的若干意见》，国家工商总局办公厅发出关于贯彻落实《〈国务院关于新形势下加快知识产权强国建设的若干意见〉重点任务分工方案》的分工意见、《工商总局办公厅关于贯彻落实〈2016 年深入实施国家知识产权战略加快建设知识产权强国推进计划〉的分工意见》，以商标品牌为抓手，严格商标专用权保护，加强商标运用，提升商标品牌质量和效益，扩大商标品牌国际影响力。

（二）加强同其他部委合作，推动各行业实施商标品牌战略。国家工商总局立足本职，服务大局，加强部门合作，推动各行各业实施商标品牌战略。参与研究制定《服务经济创新发展大纲（2016-2025）》《中国品牌发展战略》，派专人参与《打造中国自主知名品牌路径研究》课题研究。深入贯彻落实《贯彻落实〈中共中央、国务院关于进一步推进农垦改革发展的意见〉重要举措分工方案》。深入贯彻落实《中国制造 2025》，推进制造业品牌建设，印发了国家工商总局和商标局《关于贯彻落实〈中国制造 2025〉加强品牌建设 净化市场环境 2016 年工作措施的分工意见》。

（三）积极推进在统一市场监管框架下的知识产权综合管理改革工作。为充分发挥有条件的地方在知识产权综合管理改革方面的先行探索和示范带动作用，国家工商总局多措并举，积极推动，积极参与《知识产权综合管理改革试点总体方案》制定；组织召开本系统知识产权综合管理改革工作座谈会，了解各地知识产权综合管理改革情况，分析形势，研究部署落实工作；加强理论研究，开展实地调研，研究试点地区，组织新闻宣传等，推进工商和市场监管部门开展统一市场监管框架下的知识产权综合管理改革。

第三章　商标申请和注册

2016年是国家工商总局持续推进商事制度改革的一年，改革红利得到有效释放，市场活力得到有效激发，市场主体自主创新活力和商标意识不断增强，商标注册申请量保持了较高增长态势。国家工商总局大力推进商标注册便利化改革，开拓创新，狠抓落实，拓展商标申请注册渠道，优化商标注册流程，完善商标审查机制，大力做好商标申请受理和注册审查工作。

一、商标申请与注册基本情况

2016年商标注册申请继续快速增长，商标注册申请量369.1万件，同比增长28.35%。已连续15年居世界第一位。其中国内申请352.68万件，占年度注册申请总量的95.54%。

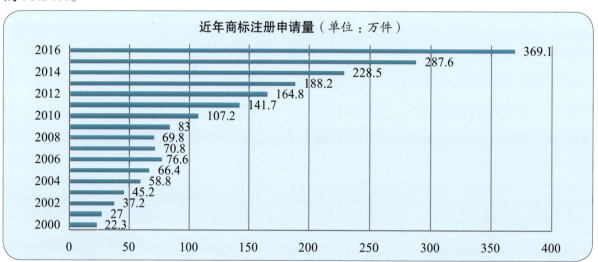

截至2016年年底，我国商标累计申请2209.4万件，累计注册1450.9万件，有效注册1237.6万件。

全年商标注册网上注册申请达300.1万件，占同期申请总量的81.29%，为纸件申请的4.4倍，比2015年网上申请量占比增长12.39%（2015年同期网上申请量占比 68.9%）。

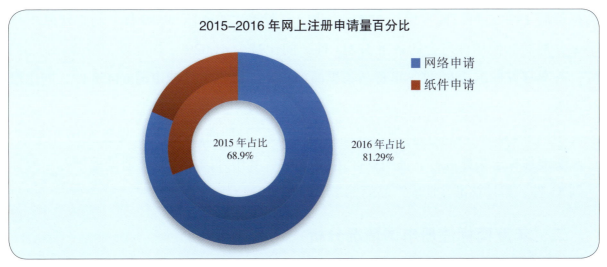

我国每万户市场主体的平均有效商标拥有量从 2011 年的 1074 件增长到当前的 1422 件，增幅为 32.4%，同比增长 6.51%。目前，我国平均每 7.1 个市场主体拥有一件有效商标。

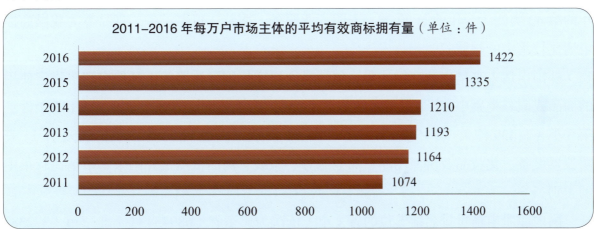

2016 年，商标局受理商标异议申请 57274 件，同比减少 3.12%；受理商标续展注册申请 130969 件，同比增长 0.84%；受理变更商标注册事项申请 222601 件，同比增长 5.48%；受理商标转让申请 164714 件，同比增长 15.5%；受理商标注销、撤销申请 48631 件，同比增长 26.71%；受理商标使用许可合同备案申请 16262 件，同比减少 5.6%；受理马德里商标国际注册领土延伸申请 52191 件，同比减少 15.35%。

2016 年，商标局共审查商标注册申请 2999519 件，商标注册申请平均审查周期维持在 9 个月以内；核准注册商标 2254945 件，同比增长 1.28%；初步审定商标 1792612 件，同比增长 23.17%；驳回及部分驳回商标注册申请 1206907 件，同比增长 36.58%。

2016 年，商标局共审查商标异议案件 48850 件；办理变更商标注册事项申请

198757 件，同比增长 12.8%；办理商标转让申请 168935 件，同比增长 28.98%；办理商标续展 139860 件，同比增长 3.25%；注销、撤销注册商标 39689 件，与去年基本持平；办理商标使用许可合同备案 18211 件，同比减少 41.02%；核准登记特殊标志 585 件，备案官方标志 2565 件；审查马德里商标国际注册领土延伸申请 64458 件，同比增长 13%。

2016 年，商标局共核准注册地理标志集体商标、证明商标 394 件，截至 2016 年年底，已注册地理标志集体商标、证明商标达 3374 件，其中外国在我国注册的地理标志商标达到 85 件，累计核准注册农产品商标 242.96 万件。

二、年度商标注册申请情况分析

从申请商标指定使用的商品或服务类别看，申请量最大的前 5 个类别依次为第 35 类（397978 件）、第 25 类（259986 件）、第 9 类（236929 件）、第 30 类（219515 件）、第 29 类（167631 件）。其中，排在前 4 位的类别与去年相同，排在第 5 位的类别由去年的第 42 类变为今年的第 29 类，表明商业服务、服装、仪器设备、食品等为我国商标申请比较集中的领域。

外国申请人来华申请商标注册（包括马德里商标国际注册领土延伸申请）指定使用的商品或服务类别中，申请量最大的前 5 个类别与去年相同，依次为第 9 类（14361 件）、第 3 类（11439 件）、第 35 类（11346 件）、第 25 类（9522 件）、第 5 类（8092 件），表明仪器设备、化妆品及洗涤用品、商业服务、服装、药品依然是外国来华申请比较集中的类别。

国内注册申请量排名前 5 位的省（市）依次为广东省（689434 件）、北京市（372387 件）、浙江省（327572 件）、上海市（257616 件）、江苏省（209900 件）。这 5 个省（市）的申请量之和超过国内总申请量的一半，达 52.65%。申请量超过 4 万件的省（市）还有山东省、福建省、河南省、四川省、河北省、安徽省、湖南省、湖北省、重庆市、香港特别行政区、辽宁省、陕西省、江西省、云南省、黑龙江省，与去年相比增加了 2 个省。

申请量同比涨幅居前的 5 个省（市）依次为甘肃省（同比增长 77.59%）、青海省（同比增长 64.82%）、江西省（同比增长 48.41%）、安徽省（同比增长 46.55%）、贵州省（同比增长 46.21%）。西部 12 省区商标申请量达 737826 件，同比增长 104.69%。

国内有效注册量排名前 5 位的省（市）依次为广东省（2043798 件）、浙江省（1315742 件）、北京市（893743 件）、江苏省（743670 件）、上海市（697251 件）。

中国申请人马德里商标有效注册量排名前 5 位的省（市）分别是广东省（4962 件）、浙江省（4710 件）、山东省（2487 件）、江苏省（1852 件）、福建省（1611 件）。

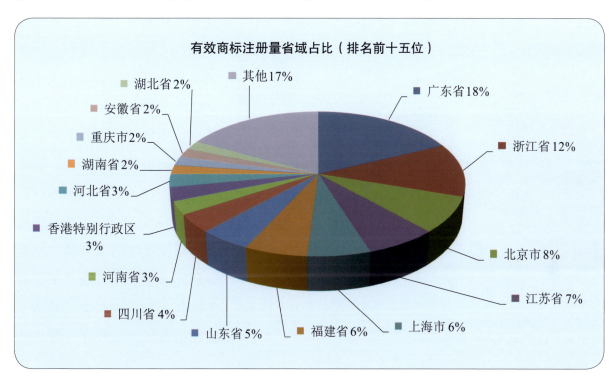

外国来华申请量（包括马德里商标国际注册领土延伸申请）排名前 10 位的国家或地区分别是美国（34677 件）、韩国（20515 件）、德国（14526 件）、日本（14419 件）、英国（11418 件）、法国（8744 件）、意大利（6415 件）、澳大利亚（5930 件）、瑞士（5420 件）、荷兰（3027 件），这 10 个国家的申请量之和占外国在华申请总数的 76.03%（相关数据详见商标数据统计）。

三、商标审查工作不断创新

商标局全面贯彻落实《工商总局关于大力推进商标注册便利化改革的意见》，加快推进商标注册便利化改革，完善商标审查机制，提高商标审查效率。积极推行独任审查制，不断扩大商标审查协作中心独任审查比例，缩短审查周期。对商标审查协作中心审查质量进行合理评估，确定抽检比例，对抽检中发现的审查质量问题，分析汇总并及时纠正。探索建立和完善审查业务指导及培训机制，加强对商标审查协作中心现场业务指导，分别对新录用及原有审查人员进行系统培训。2016 年年底完成了《商标审查及审理标准》的修订工作并对外发布。

商标局始终把加强商标专用权保护作为异议工作的重心，出台了《优化异议流程便民措施》，进一步提高了当事人参与异议程序的便利性，减轻群众负担，提高行政效率。进一步加大制止恶意抢注行为的力度，采取提前审查、并案审查等措施，依法审结了一批在社会上有较大影响、在审查上体现较高水平、对今后法律适用有借鉴作用的典型案件。新《商标法》施行后，增加了对异议理由和异议人主体资格的审查，异议申请量有所减少。截至 2016 年年底，共收到异议申请 57274 件，同比减少 3.13%；裁定 48850 件，异议理由成立的比例明显提高，异议程序的权利救济功能得到充分发挥，有效维护了在先权利人的合法权益，营造了良好的市场竞争秩序。异议部

▲ 2016 年 10 月 28 日，商标局与北京知识产权法院座谈会在北京召开，会议就商标异议所涉及法律问题及相关法条的理解与适用进行了探讨。商标局副局长陈文彤主持会议，北京市知识产权法院宋鱼水副院长带队参加。

门积极贯彻落实商标注册便利化改革的要求，已全面实行了独任制，提高审查效率，确保严格按照法定审限完成异议审理任务。

四、商标公共服务水平快速提升

2016 年，商标局按照"党建是统领、改革是核心、落实是关键"的指导思想，以便利化改革为契机，以商标品牌战略实施为抓手，全面推进商标注册管理改革工作，商标公共服务水平不断提高。一是缩短了商标注册申请受理通知书发放时间。优化调整形式审查工作流程，修改网上申请流程，提高工作效率，注册申请受理通知书发放时间由原来的 6 个月缩短至 3 个月内。二是公布可接受商品服务项目清单。分批次在中国商标网上公布《类似商品和服务区分表》以外的可接受商品服务项目名称 3220 个，对商标注册申请人申报商品服务项目名称具有较大的指导作用。三是设立商标受理窗口工作取得良好效果。拓展了商标申请渠道，为申请人提供了便利，激发了大众创业万众创新热情。四是不断提升商标申请受理服务水平和窗口服务质量。商标注册大厅和商标局驻中关村办事处全年共受理各类申请 18.97 万件，接待咨询 12 万人次。五是批准设立 30 个注册商标专用权质权登记申请受理点，帮助当地中小企业解决融资难问题。

第四章　商标行政执法

　　2016年，全国各级工商和市场监管部门认真落实国务院和国家工商总局工作部署，立足本职，突出重点，充分发挥职能作用，进一步加大商标行政执法力度，扎实推进打击侵犯知识产权和制售假冒伪劣商品工作，有力地规范了市场经济秩序，营造了良好的知识产权保护环境，为促进经济社会又好又快发展做出了积极贡献。

一、商标专用权行政保护工作深入推进

　　（一）切实加大商标违法案件查处力度。2016年，全系统共立案查处商标行政违法案件3.2万件，案值4.5亿余元，移送司法机关293件。国家工商总局部署、组织、协调查办了一批跨区域、大规模、社会公众反映强烈的商标违法案件，如"中国黄金""同仁堂""少林药局""庆丰包子""周黑鸭"等商标侵权假冒案件，有力地打击侵犯商标专用权的违法行为，具有较大的社会影响力。南京市工商局查处淘宝卖家假冒"耐克""新百伦"鞋等商标案件，涉案货值400万元。湖北省工商部门创新推进"订单式"打假，开展"白云边""京山桥米"等专项打假行动。陕西省工商部门开展保护"延长石油"商标专用权行动，清除涉嫌侵犯延长商标专用权的加油站点23家。广东省工商部门加强广交会商标权保护，对接受的267宗商标侵权投诉及时依法处理。

　　（二）组织开展保护商标专用权系列专项整治行动。3月28日，国家工商总局召开迪士尼注册商标专用权保护工作会议，在全国推动开展

▲ 2016年3月28日，迪士尼注册商标专用权保护工作会议在上海召开。

保护迪士尼商标专用权行动，其中上海市工商部门累计立案查处各类侵犯迪士尼商标专用权案件112件。积极协调、配合做好北京冬奥会及北京世园会的知识产权保护工作。部署各地开展违法使用梁家河商标进行广告宣传等活动的专项整治行动。浙江省工商部门为配合G20杭州国际峰会召开开展了峰会特殊标志保护专项行动；贵州省工商部门部署开展了打击假冒名优白酒违法行为专项整治工作；成都市工商部门开展打击侵犯苹果商标专用权专项行动，查处案件33起。

（三）切实维护商标确权领域公平竞争秩序。坚持打击商标恶意注册行为，对涉嫌恶意抢注的案件开通快速审理通道，及时依法予以驳回、不予核准注册或宣告无效。共处理各类攀附他人商标商誉的案件和恶意独占公共资源、大量或多次抢注他人商标等扰乱商标注册管理秩序的案件8000多件。

二、打击侵犯知识产权和制售假冒伪劣商品工作成效显著

（一）深入推进打击侵权假冒工作。制定下发了《2016年全国打击侵犯知识产权和制售假冒伪劣商品工作要点》，推动落实打击侵权假冒各项工作任务。积极参加全国打击侵权假冒工作领导小组办公室组织的绩效考核工作，牵头赴浙江、上海进行现场考核，组织做好对各地的部分考核工作。2016年全系统共立案查处侵权假冒案件2.8万余件，涉案金额3.5亿元；捣毁制假售假窝点717个；依法向司法机关移送涉嫌犯罪案件293件，涉案金额1.6亿元，"双打"工作取得明显成效。

▲ 上海市金山区市场监督管理局全面检查商品、服务和相关演出活动的迪士尼商标使用情况，严厉打击侵犯迪士尼注册商标专用权违法行为。图为执法人员检查涉嫌迪士尼商标侵权书包。

（二）切实加强网络市场监管。积极推进线上线下一体化监管，组织开展2016网络市场监管专项行动，依法打击网络商标侵权和销售假冒伪劣商品、网上虚假宣传、刷单炒信等违法行为。专项行动期间共检查网站网店191.8万个次，责令整改网站1.95万个次，查处网络违法案件1.34万件，成

效明显。加大对网上销售仿冒高知名度商标、涉外商标商品的查处力度，严厉打击网上滥用、冒用、伪造涉农产品地理标志证明商标的行为。山西、宁夏、黑龙江分别加强对汾酒注册商标专利权的保护，推进线上线下一体化监管，组织开展2016网络市场监管专项 237 件。

（三）积极推进中国制造海外形象维护"清风"行动。组织各地集中查处侵犯峨眉牌注册商标专用权违法行为，保护柴油机出口企业合法权益，四川省工商部门会同企业积极开展异地维权，查扣准备出口的侵权柴油机千余台。新疆维吾尔自治区工商部门在边境口岸地区主要经营场所等区域设置维权提示牌，维护境外消费者权益。进一步健全海外维权工作机制，2016 年国家工商总局与 5 个国家和地区相关部门以及世界知识产权组织签署了 6 个知识产权领域合作性文件，特别是与尼泊尔、以色列、捷克等国家部门签署的合作谅解备忘录，将有力推动与"一带一路"沿线国家的知识产权合作。应美、英、法、德、意、俄等外国驻华使馆的请求，依法依规处理了商标案件 21 起，有力回应了外方关切。

（四）集中整治仿冒、虚假宣传等侵犯知识产权的不正当竞争行为。以互联网领域不正当竞争等为重点，集中整治社会关注度高、反映强烈的仿冒、虚假宣传等突出问题。2016 年前三季度共查处侵犯知识产权不正当竞争案件 1200 余件，案值 1800 余万元。研究起草《查处重大仿冒不正当竞争案件的协调机制》，统一执法尺度。召开中欧反不正当竞争研讨会，增进国际交流，提升执法水平。

（五）积极推进建立与商事制度改革相适应的打击侵权假冒工作机制。加快推进国家企业信用信息公示系统建设，推动将商标注册信息、商标侵权假冒、违法商标代理行为等信息纳入公示系统。以 38 部门联合签署《失信企业协同监管和联合惩戒合作备忘录》为基础，积极推进部门间开展信息共享和失信联合惩戒。2016 年国家企业信用信息公示系统日均访问量 6105.30 万人次、日均查询量 2777.10 万人次；截至 11 月底，累计访问量达 297.00 亿人次，累计查询量 136.58 亿人次。推进商标数据库开放，引导地方工商和市场监管部门运用商标数据库信息加强商标监管工作。进一步完善商标及打击侵权假冒案件数据统计有关工作。

（六）全面做好法律法规规章修订工作。配合国务院法制办积极推进《反不正当竞争法》修订工作；积极推动《消费者权益保护法实施条例》立法，现已上报国务院；制定出台《互联网广告管理暂行办法》《流通领域商品质量监督管理办法》等规章，为加强事中事后监管提供法治保障。

（七）**加强打击侵权假冒宣传及舆情应对工作**。建立工商系统打击侵权假冒工作季度通报制度，宣传交流各地查办侵权假冒案件情况、查处侵权假冒典型案例、开展打击侵权假冒先进工作经验。积极做好"4·26全国知识产权宣传周"宣传工作，编纂发布《中国商标战略年度发展报告（2015）》，在局属媒体上以专刊、专栏、微信公众号形式宣传知识产权宣传周主题内容和公布商标侵权典型案例。2016年已受理媒体相关采访45批次，涉及电商平台售假、农资打假、商标侵权等多项重要工作。向国务院客户端、中国政府网、《今日头条》客户端等累计推送打击侵权假冒工作信息近百条。

三、商标行政执法机制建设工作进一步加强

（一）**大力推进跨区域商标执法协作**。积极探索商标行政执法区域协作新领域、新方向，有效提升执法能力，服务区域经济发展。2016年10月、11月和12月份，分别在天津、合肥、广州召开了京津冀、长三角、泛珠三角区域的商标行政执法区域协作座谈会，进一步推动商标行政执法区域协作的制度建设，强化执法办案，推动信息共享。

（二）**积极探索推进大数据监管执法工作**。开展商标行政执法信息共享平台建设，运用信息化手段加强商标监管工作，强化系统商标执法办案协作和信息共享。商标行政执法信息共享平台经总局信息中心开发已初步完成，并于2016年11月投入试运行。探索运用大数据、云计算等信息化手段加强商标监管，进一步提升监管效能。与国家工商总局网络商品交易监管司协商，研究利用网络商品交易监管司的全国电子商务第三方网络交易平台监管系统搜集和转办互联网商标侵权案件线索。

（三）**积极推进注册商标维权联系人信息库建设**。整合共享全国驰名商标、著名商标、地理标志以及涉外商标维权联系人信息，为地方工商和市场监管部门开展商标行政执法活动提供数据支持。完善商标行政执法信息共享平台建设，利用信息化手段加强商标监管工作。

（四）**切实加强商标监管执法能力建设**。在总局行政学院举办全系统商标行政执法培训班，各地90多名商标条线业务骨干参加了为期一周的培训，有针对性地研究商标保护前沿问题，特别是商标行政执法相关业务重点难点问题，提升执法人员的商标专业理论素养和解决实际问题的能力。支持各地工商和市场监管部门开展商标执法办案培训，先后派员为云南、广西、河南、天津、上海、广东、黑龙江、新疆

等省区市组织的商标业务培训班授课。

四、全国工商和市场监管部门查处商标违法案件数据分析

2016 年，全国各级工商和市场监管部门共查处一般商标违法案件 3565 件，案值 9532 万元，案件数比上年增长 6.8%，其中投诉案件数为 723 件，占总数的 20.3%，涉外案件为 56 件，占总数的 1.57%；查处商标侵权假冒案件 28189 件，案值 3.5 亿元，案件数比上年增长 3%，其中投诉案件为 9738 件，占总数的 34.54%，涉外案件为 6214 件，占总数的 22%。

全年查处的一般商标违法案件中，注册商标使用违法案件 388 件。其中，查处"商品粗制滥造、以次充好、欺骗消费者"的案件为 301 件，占注册商标使用管理案件的 77.6%，为主要注册商标违法行为类型；查处"自行改变注册商标"案件 33 件，"自行改变注册商标注册人名义、地址或其他注册事项"案件 15 件；查处"自行转让注册商标"案件 39 件。

注册商标使用违法案件分布

- 商品粗制滥造、以次充好、欺骗消费者
- 自行改变注册商标
- 自行改变注册商标注册人名义、地址或其他注册事项
- 自行转让注册商标

全年查处的一般商标违法案件中，未注册商标使用违法案 2811 件。其中，查处"冒充注册商标"案件 2408 件，占未注册商标使用违法行为的 85.7%，为未注册商标违法行为的主要类型。

全年查处的侵权假冒案件中，假冒商标案件 4670 件。其中"未经注册商标所有人的许可，在相同商品上使用与其注册商标相同的商标的"案件和"销售明

未注册商标使用违法案件分布

- 冒充注册商标
- 商品粗制滥造、以次充好、欺骗消费者
- 违反《商标法》第六条规定
- 违反《商标法》第十条规定

知是假冒注册商标的商品的"案件是假冒商标案件主要类型，两类案件数分别为 2302 件 和 2050 件，分别占假冒商标案件总数的 49.29% 和 43.9%；"伪造、擅自

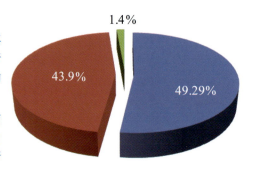

制造他人注册商标标识或者销售伪造、擅自制造的注册商标标识的"案件 318 件。

全年查处的侵权假冒案件中，一般商标侵权案件 23519 件。其中，"销售侵犯

注册商标专用权的商品的"案件仍是主要商标侵权案件类型，共查处该类型 案 件 18549 件，占商标侵权案件总数 的 78.87%；"未经注册商标所有人的许可，在相同商品上使用与其注册商标近似的商标或在类似商品上使用与其注册商标相同或近似的商标的"案件 3792 件，占商标侵权案件总数的 16.12%；"侵犯驰名商标权益"案件 548 件，占商标侵权案件总数的 2.33%；"在同一种或类似商品上，将与他人注册商标相同或近似的标志作为商品名称或者商品装潢使用，误导公众的"案件 363 件，占商标侵权案件总数的 1.54%；"给他人注册商标专用权造成其他损害的"案件 169 件；"故意为侵犯他人注册商标专用权行为提供仓储、运输、邮寄、隐匿便利条件"的案件 31 件；"侵犯地理标志专用权的"案件 29 件，"侵犯特殊标志所有权的"案件 21 件，"未经商标注册人同意更换其注册商标并将该更换商标的商品又投入市场的"案件 17 件。

第五章　地理标志和农产品商标

2016 年，全国各级工商和市场监管部门按照党中央、国务院《关于落实发展新理念 加快农业现代化实现全面小康目标的若干意见》和国务院《关于新形势下加快知识产权强国建设的若干意见》要求，精心培育优质农产品商标品牌，不断深化商标富农工作，探索开展地理标志商标精准扶贫，努力加强国内外知名地理标志产品的保护，促进地理标志产品国际化发展，得到各级党委政府的广泛认可。

一、认真履职做好地理标志和农产品商标审查工作

2016 年，商标局立足于支持"三农"发展，继续坚持地理标志注册申请单独排队、提前审查的"绿色通道"制度，进一步简化地理标志申请手续，规范优化审查流程，加快审查速度，为农产品商标品牌建设和商标富农工作打好基础。

全年核准注册地理标志集体商标、证明商标 394 件，截至 2016 年年底，已注册地理标志集体商标、证明商标达 3374 件。各地地理标志注册量均有所增加，其中超过 100 件的省（市）有 11 个（比 2015 年增加 2 个），分别是：山东 489 件，福建 311 件，湖北 292 件，江苏 252 件，重庆 211 件，浙江 201 件，四川 200 件，云南 151 件，湖南 117 件，辽宁 104 件，安徽 100 件。外国在我国注册的地理标志商标达到 85 件。农产品商标累计注册量达 242.96 万件。

二、不断推进地理标志和农产品商标运用管理保护工作

2016 年，商标局针对部分地理标志"重注册轻使用、注而不用、用而不管、管而不畅"及保护不到位等问题，集中全系统力量，并联合有关部委单位，共同研究探讨地理标志和农产品商标注册之后的运用、管理和保护工作。

7 月 21 日和 8 月 19 日，商标局分别在宁夏银川和山东威海召开部分省市地理标志工作经验交流会以及保护"中宁枸杞"地理标志座谈会，46 个副省级以上工商

和市场监管部门商标业务负责人就地理标志商标运用、管理和保护相关情况进行交流，并实地考察了"中宁枸杞"（陆地）和"荣成海带"（海洋）地理标志带动地方经济发展的情况。农业部、工信部、海关总署、质检总局、北京市高级人民法院、北京知识产权法院均派员参加会议，并介绍本系统开展地理标志保护或产业集群区域品牌工作的情况，进一步推进地理标志注册与保护的部委间协作。

商标局还应全国供销总社、中个协、中华商标协会等单位和江苏、湖南、新疆、内蒙古等地邀请，开展对地理标志和农产品商标运用、管理、保护的行政指导，推动各地党委政府、基层工商和市场监管干部、地理标志和农产品商标权利人增强商标品牌意识，提高地理标志和农产品商标使用效能，推动"三农"经济发展。

▲ 2016 年 8 月 19 日，商标局在山东威海召开部分省市地理标志工作经验交流会。

三、大力开展商标富农和地理标志商标精准扶贫工作

2016 年，商标局按照《关于新形势下加快知识产权强国建设的若干意见》任务分工，积极履行商标富农工作的牵头职责，并结合国家工商总局推进商标品牌扶贫的工作安排，主动联系国务院扶贫办等相关单位，创新性地探索开展地理标志商标精准扶贫工作。

9 月 1 日至 6 日，"提升地理标志运用水平 助力贫困地区绿色发展高级研修班"在国家工商总局行政学院正式开班，该班次是国家工商总局唯一入选国家人力资源和社会保障部《专业技术人才知识更新工程 2016 年高级研修项目计划》的项目。全国各级工商和市场监管部门、司法机构，农业部农垦局、全国供销总社等涉农单位及中国政法大学等研究机构从事地理标志注册保护工作的专业人才共 69 人参加了研修。中国社科院李顺德教授、国务院扶贫办陈洪波处长、农业部农产品地理标志工作负责人、北京知识产权法院法官及地方工商系统代表等 6 位地理标志专家应邀为

学员授课。

11月1日至4日，商标局与国家扶贫办政策法规司组成联合调研组，赴福建省宁德市调研"古田银耳""桐江鲈鱼""福鼎白茶"和"宁德大黄鱼"等地理标志商标精准扶贫有关情况，总结了宁德运用地理标志商标精准扶贫的六条主要经验。

▲ 2016年9月21日至22日，国家工商总局副局长刘俊臣在福建宁德调研地理标志商标精准扶贫工作。

四、继续加大地理标志和农产品商标宣传力度

2016年，商标局不断巩固现有宣传阵地，努力丰富地理标志和农产品商标工作对外宣传形式，着力提高地理标志和农产品商标的社会关注度。

与《中国政协》杂志社合作，结合国家"一带一路"战略的深入推进，编辑出版了《中国政协·一带一路上的地理标志》专刊，着力介绍"一带一路"沿线地理标志特色产品的历史与现状，向读者传播地理标志产品背后蕴含的中国传统文化。该专刊共发放给全国政协委员8个驻地、"两会"新闻中心和北京人大代表团驻地。

与中国个体劳动者协会联合主办"第五届全国地理标志商标摄影大赛"，共评选出特等奖1名、一等奖3名、二等奖5名、三等奖10名，赛事由《光彩》杂志社承办。摄影大赛启动阶段，举办培训班，并开展地理标志知识宣传。

与《工商行政管理》（半月刊）合作对"地理标志商标注册保护工作"进行了封面报道，聚焦全国地理标志商标的注册、运用、管理和保护工作，从多个角度展示各地工作经验，集中宣传了全国地理标志商标的工作发展情况。

五、积极开展地理标志和农产品商标业务研究

2016年，商标局紧紧围绕党和国家大局、工商和市场监管中心工作，加大理论业务研究力度，积极开展地理标志和农产品商标业务研究，为服务领导决策发挥作用。

开展《地理标志发展国际新趋势与我国谈判策略选择》课题研究，委托中国政

法大学对双边、多边贸易协定以及我国主要贸易伙伴国家地理标志发展新趋势进行研究，为我国地理标志对外谈判提供策略支持。

7月27日至28日，国家工商总局与美国专利商标局在四川省共同举办了中美地理标志保护巡回研讨会，就中美地理标志保护制度和法律政策、相关地理标志产品保护实践等议题进行了探讨。国家工商总局及美国专利商标局的专家还赴"郫县豆瓣""蒙顶山茶"等地理标志企业听取了其地理标志情况的介绍，并就中美地理标志相关法律制度及保护实践等内容向企业进行了宣讲，取得了良好效果。

8月24日和12月20日，商标局派员前往中国食用菌协会会员单位和北京市新发地农产品批发市场学习调研，开启"提升能力学习行动2016"学习活动。

2016 年度核准注册地理标志商标名录

序号	商标名称	注册人	注册号	商品	省份
1	丰台芍药	北京市丰台区花乡农业服务中心	17212897	芍药（自然花）	北京
2	鹿泉香椿	鹿泉市香椿协会	10837008	香椿	河北
3	阳原驴	阳原县阳原驴保种协会	16382439	驴（活动物）	
4	唐山骨质瓷	唐山市陶瓷协会	16325979	家庭用陶瓷制品等	
5	滦南大米	滦南县米业协会	16191209	米	
6	白洋淀荷叶茶	安新县白洋淀特产行业协会	13965589	荷叶茶	
7	柏乡汉牡丹	柏乡县汉牡丹文化产业发展管理中心	16281926	牡丹花（自然花）	
8	隆化肉牛	隆化县特色农产品开发协会	16454416	牛（活动物）	
9	涉县花椒	涉县林果协会	15359704	花椒；花椒粉	
10	涉县核桃	涉县林果协会	15359705	核桃	
11	深州蜜桃	深州市果品产业协会	17294606	桃	
12	馆陶黑小麦	馆陶县黑小麦产业服务协会	6741695	小麦	
13	壶关旱地西红柿	壶关县兴农旱地西红柿协会	15253438	西红柿	山西
14	黎城核桃	黎城县富民干果协会	15537089	核桃	
15	长治堆锦	长治市城区上党堆锦文化研究会	15578933	堆锦（工艺品）	
16	清水河海红果	清水河县农业技术推广站	17853913	海红果（新鲜水果）	内蒙古
17	清水河米醋	清水河县农业技术推广站	17853915	醋	
18	达茂小红皮小麦	内蒙古达茂联合旗农业技术推广站	15854939	小麦	
19	科尔沁蒙古馅饼	通辽餐饮与饭店行业协会	15429420	肉馅饼	
20	开鲁红干椒	开鲁县农业技术推广中心	16023615	辣椒（调味品）	
21	巴彦淖尔羊肉	内蒙古河套农牧业技术研究院	15511190	羊肉	
22	巴彦淖尔羊肉	内蒙古河套农牧业技术研究院	15511191	羊（活动物）	
23	五原向日葵	五原县绿色食品发展中心	16001557	向日葵	
24	卓资熏鸡	卓资县熏鸡协会	14661864	熏鸡	
25	四子王羊	四子王旗四子王农畜产品协会	18035677	羊（活动物）	

（续上表）

序号	商标名称	注册人	注册号	商品	省份
26	大连槐花蜜	大连市蜂产品协会	15087809	蜂蜜	辽宁
27	长海海参	长海商会	15879021	海参（非活）	
28	盘道沟晚蜜桃	葫芦岛市连山区盘道沟晚蜜桃协会	17898169	桃	
29	八宝韭菜	开原市农副产品协会	14531405	韭菜	
30	开原榛子	开原市农副产品协会	15251460	加工过的榛子	
31	红石砬小米	农安县靠山镇杂粮协会	14535598	小米	吉林
32	东山白蜜	吉林市蜂业协会	13396437	蜂蜜	
33	安图大米	安图县大米行业协会	17666377	大米	
34	安图人参	安图县人参行业协会	16820020	人参	
35	伊通大米	伊通满族自治县七星有机稻米协会	15393881	大米	
36	双辽小米	双辽市优质农产品协会	16485074	小米	
37	双辽花生	双辽市优质农产品协会	16485082	新鲜花生	
38	四平玉米	四平市粮食行业协会	17410875	玉米	
39	望奎马铃薯	望奎县寒地黑土绿色食品协会	12861389	新鲜土豆	黑龙江
40	同江大米	同江市米业协会	16149559	米	
41	同江玉米	同江市米业协会	16149560	玉米	
42	同江大豆	同江市生态大豆协会	16149561	大豆	
43	孙吴大豆	孙吴大豆协会	15152032	大豆	
44	丰县白酥梨	丰县宋楼镇农村经济管理服务中心	16073257	白酥梨（新鲜水果）	江苏
45	新沂水蜜桃	新沂市新沂水蜜桃桃农协会	16002121	桃	
46	阜宁黑猪	江苏省农业科学院阜宁生态猪研发中心	16589186	猪（活动物）	
47	大丰大米	盐城市大丰区稻米业协会	16857295	米	
48	盱眙大葱	盱眙县农副产品营销协会	15928669	大葱	
49	盱眙水蜜桃	盱眙县农副产品营销协会	15928670	水蜜桃	
50	盱眙大白菜	盱眙县农副产品营销协会	15928671	腌制大白菜	
51	盱眙大白菜	盱眙县农副产品营销协会	15928672	新鲜大白菜	

（续上表）

序号	商标名称	注册人	注册号	商品	省份
52	盱眙螃蟹	盱眙县农副产品营销协会	15982807	螃蟹（非活）	
53	盱眙螃蟹	盱眙县农副产品营销协会	16022253	螃蟹（活的）	
54	盱眙青虾	盱眙县农副产品营销协会	15982808	虾（非活）	
55	盱眙青虾	盱眙县农副产品营销协会	15982809	虾（活的）	
56	盱眙草莓	盱眙县农副产品营销协会	16022254	新鲜草莓	
57	洪泽白鱼	洪泽县洪泽湖农产品协会	15854804	白鱼（活的）	
58	洪泽青虾	洪泽县洪泽湖农产品协会	15854805	青虾（活的）	
59	洪泽青虾	洪泽县洪泽湖农产品协会	15854806	青虾（非活）	
60	洪泽荷藕	洪泽县洪泽湖农产品协会	15854813	荷藕（加工过的荷藕）	
61	洪泽荷藕	洪泽县洪泽湖农产品协会	15854814	新鲜荷藕	
62	洪泽草鸡	洪泽县洪泽湖农产品协会	15854809	鸡（非活）	
63	洪泽草鸡	洪泽县洪泽湖农产品协会	15854812	鸡（活的）	江苏
64	洪泽平菇	洪泽县洪泽湖农产品协会	15854811	平菇（干食用菌）	
65	洪泽平菇	洪泽县洪泽湖农产品协会	15854810	平菇（鲜食用菌）	
66	洪泽菱角	洪泽县洪泽湖农产品协会	15854808	加工过的菱角仁	
67	洪泽菱角	洪泽县洪泽湖农产品协会	15854807	新鲜菱角	
68	淮阴草莓	淮安市淮阴区畜禽产业协会	16281853	草莓（新鲜水果）	
69	淮阴香瓜	淮安市淮阴区畜禽产业协会	16281855	香瓜（新鲜水果）	
70	淮阴绿头鸭	淮安市淮阴区畜禽产业协会	16281851	鸭（非活）	
71	淮阴青椒	淮安市淮阴区畜禽产业协会	16281854	青椒（新鲜蔬菜）	
72	淮阴山药	淮安市淮阴区畜禽产业协会	16281850	山药（新鲜蔬菜）	
73	淮阴长豆角	淮安市淮阴区畜禽产业协会	16281852	长豆角（干蔬菜）	
74	广洋湖青虾	宝应县广洋湖镇水产协会	13660540	虾（活的）	
75	界首茶干	高邮市界首茶干协会	11938605	茶干（豆腐制品）	
76	兴化龙香芋	兴化市龙香芋产业发展协会	16590226	龙香芋	
77	湖父杨梅	宜兴市湖父镇农业服务中心	14138044	杨梅	

（续上表）

序号	商标名称	注册人	注册号	商品	省份
78	无锡毫茶	无锡市滨湖区茶叶产业协会	14982254	茶	江苏
79	马山芋头	无锡市滨湖区马山街道科学技术推广服务中心	15736337	芋头	
80	泗洪大闸蟹	泗洪县渔业协会	14635609	螃蟹	
81	如皋香堂芋	如皋市种植业协会	15261221	食用植物根	
82	如东大米	如东县粮食行业协会	17897082	大米	
83	黄湖白壳哺鸡笋	杭州市余杭区黄湖镇农业公共服务中心	15879088	笋	浙江
84	桐乡蚕丝被	桐乡市蚕丝被技术服务中心	13473225	蚕丝被	
85	安顶云雾	富阳市安顶云雾茶产业协会	15439785	茶	
86	望海茶	宁海县茶业协会	17083666	茶	
87	嵊州香榧	嵊州市香榧产业协会	17431765	加工过的香榧	
88	金华两头乌猪	金华市畜牧兽医局	16808266	猪肉	
89	金华两头乌猪	金华市畜牧兽医局	16808267	活猪	
90	文成杨梅	文成县文成杨梅协会	16369188	杨梅	
91	文成贡茶	文成县文成贡茶协会	16369187	茶	
92	开化清水鱼	开化县水产协会	16879461	活鱼（草鱼）	
93	金寨板栗	金寨县板栗协会	15992066	加工过的栗子	安徽
94	金寨生姜	金寨县农业技术推广服务中心	15769577	生姜（新鲜蔬菜）	
95	金寨生姜	金寨县农业技术推广服务中心	15769578	生姜干	
96	金寨高山茭白	金寨县农业技术推广服务中心	15769579	茭白（新鲜蔬菜）	
97	金寨高山茭白	金寨县农业技术推广服务中心	15769580	茭白干	
98	金寨猕猴桃	金寨县农业技术推广服务中心	15769582	猕猴桃干	
99	金寨猕猴桃	金寨县农业技术推广服务中心	15769581	猕猴桃	
100	金寨葛粉	金寨县农业技术推广服务中心	15769583	葛粉	
101	枞阳大闸蟹	枞阳县水产协会	15457933	活蟹	
102	太湖鳙鱼	太湖县渔业协会	16410753	活鱼	

（续上表）

序号	商标名称	注册人	注册号	商品	省份
103	雪湖贡藕	潜山县雪湖贡藕开发研究所	15458074	藕	安徽
104	杨桥朱红桔	安庆市宜秀区农业技术推广中心	15625690	桔	
105	河口丝瓜	安庆市大观区农业畜牧技术推广中心	15567133	丝瓜（新鲜蔬菜）	
106	河口韭菜	安庆市大观区农业畜牧技术推广中心	15567134	新鲜韭菜	
107	山口红心山芋	安庆市大观区农业畜牧技术推广中心	15567135	红薯（食品植物根）	
108	蓝田花猪	休宁县蓝田花猪产业发展协会	15713811	花猪（活的）	
109	五河螃蟹	五河县螃蟹协会	16335112	螃蟹	
110	宁国牡丹	宁国南极牡丹协会	15768140	牡丹（自然花）	
111	郎溪黄金芽	郎溪县黄金芽茶叶协会	15876947	茶	
112	问政山笋	歙县问政贡笋产业协会	15150888	新鲜竹笋	
113	老集生姜	临泉县老集镇生姜协会	17992320	腌制姜（腌制蔬菜）	
114	界首彩陶	界首市博物馆	18137487	陶器等	
115	淮北石榴	淮北市林业工作站	16002060	石榴	
116	罗源下廪羊	罗源县碧里乡畜牧兽医站	15843369	羊（活动物）	福建
117	福州鱼丸	福州市渔业行业协会	16072844	鱼制食品	
118	深沪巴浪脯	晋江市深沪小吃同业公会	16781955	鱼肉干	
119	永宁太平洋牡蛎	石狮市永宁镇太平洋牡蛎协会	13055996	牡蛎（活的）	
120	深沪紫菜	晋江市深沪小吃同业公会	16781958	紫菜	
121	深沪鱿鱼干	晋江市深沪小吃同业公会	16781953	鱿鱼	
122	深沪糖芋	晋江市深沪小吃同业公会	16781956	芋头	
123	深沪花生	晋江市深沪小吃同业公会	16781954	加工过的花生	
124	深沪虾仁干	晋江市深沪小吃同业公会	16781957	虾（非活）	
125	邵武蜜桔	邵武市卫闽镇农技站	15458767	蜜桔（新鲜桔）	
126	邵武红米	邵武市晒口街道办事处农业技术推广站	16349001	米	

（续上表）

序号	商标名称	注册人	注册号	商品	省份
127	建阳漳墩锥栗	建阳市漳墩镇三农服务中心	14610819	新鲜栗子	
128	顺昌海鲜菇	顺昌县食用菌竹笋开发办公室	17399206	海鲜菇（新鲜食用菌）	
129	五夫白莲	武夷山市五夫农产品协会	15629710	莲子	
130	古田黑番鸭	古田县黑番鸭协会	15736124	黑番鸭（活家禽）	
131	福安水蜜桃	福安市水蜜桃协会	15429628	新鲜水蜜桃	
132	福安水蜜桃	福安市水蜜桃协会	15429629	新鲜水蜜桃	
133	穆阳水蜜桃	福安市水蜜桃协会	15429630	新鲜水蜜桃	
134	穆阳水蜜桃	福安市水蜜桃协会	15429631	新鲜水蜜桃	
135	霞浦海参	霞浦县农副产品产业协会	15725925	海参（活的）	
136	霞浦海参	霞浦县农副产品产业协会	15725926	海参（非活）	
137	霞浦海参	霞浦县农副产品产业协会	15725927	海参（活的）	
138	霞浦海参	霞浦县农副产品产业协会	15725928	海参（非活）	福建
139	周宁高山马铃薯	周宁县高山马铃薯协会	13035632	马铃薯（新鲜的）	
140	苏坂蜜柚	龙岩市新罗区果树协会	13296517	柚子	
141	武平仙草	武平县仙草产业协会	16227655	仙草（中草药）	
142	长汀槟榔芋	长汀县槟榔芋产业协会	15260446	芋头	
143	武平青皮冬瓜	武平县无公害瓜果蔬菜协会	16933215	青皮冬瓜	
144	武平盘菜	武平县无公害瓜果蔬菜协会	16933216	盘菜（新鲜蔬菜）	
145	寮仔黄瓤西瓜	诏安县梅岭镇水果营销协会	15358274	西瓜	
146	梅岭牡蛎	诏安县梅岭镇水产养殖协会	15118639	牡蛎（非活）	
147	下傅紫菜	诏安县梅岭镇水产养殖协会	15118640	紫菜	
148	杜浔酥糖	漳浦县杜浔酥糖协会	8090682	酥糖	
149	赤土小叶榄仁	漳浦县赤土乡农产品产业协会	14982371	小叶榄仁（树木）	
150	赤土土鸡	漳浦县赤土乡农产品产业协会	14982370	土鸡（活家禽）	
151	火田青枣	云霄县火田镇农村经济服务中心	15262178	鲜枣	

（续上表）

序号	商标名称	注册人	注册号	商品	省份
152	火田大茂山茶	云霄县火田镇农村经济服务中心	15262179	茶	福建
153	火田菠萝	云霄县火田镇农村经济服务中心	15262180	菠萝	
154	南日鲍	莆田市秀屿区南日鲍协会	18020105	鲍鱼（活）	
155	仙游郑宅茶	仙游县茶叶产业协会	15587625	茶	
156	莆田兴化米粉	莆田市荔城区米粉行业协会	17224230	米粉	
157	莆田红毛菜	莆田市渔业行业协会	15835224	红毛菜	
158	建宁水稻种子	建宁县种子协会	16179803	谷种	
159	永安吉山老酒	永安市人民政府燕西街道办事处经济服务中心	15865282	黄酒	
160	尤溪红	尤溪县茶叶协会	15234145	茶	
161	大田雪山萝卜	大田县武陵乡农业服务中心	15134934	萝卜	
162	泰和酱菜	泰和县泰和酱菜协会	16380152	酱菜	江西
163	会昌酱干	会昌县土特产品协会	15137317	酱油豆干（豆腐制品）	
164	龙南江东荸荠	龙南县水果蔬菜协会	16381610	荸荠（新鲜的）	
165	龙南蜂蜜	龙南县农林产品协会	18020834	蜂蜜	
166	商河黑皮冬瓜	商河县玉皇庙镇瓦西村黑皮冬瓜种植协会	16160645	冬瓜（新鲜蔬菜）	山东
167	琅琊玉筋鱼	胶南市渔业协会	15086885	玉筋鱼（非活）	
168	灵山岛海参	胶南市渔业协会	15086886	海参（活的）	
169	烟台苹果	烟台市苹果协会	17259007	苹果	
170	东山三吉梨	荣成市果业协会	16782847	梨	
171	荣成无花果	荣成市果业协会	16782848	无花果（新鲜）	
172	威海刺参	威海市海参产业协会	16858144	海参（活的）	
173	威海苹果	威海市环翠区果树协会	14765432	苹果	
174	文登大樱桃	威海市文登区葛家镇农业综合服务中心	17855170	樱桃	
175	文登苹果	威海市文登区葛家镇农业综合服务中心	17876297	苹果	

（续上表）

序号	商标名称	注册人	注册号	商品	省份
176	乳山巴梨	乳山市梨业协会	15984059	梨	
177	泰安豆腐	泰安市传统食品协会	17482659	豆腐	
178	邹平酸浆豆腐	邹平县豆腐文化协会	17594224	豆腐	
179	河岔口鸭蛋	肥城市汶阳镇河岔口鸭蛋产销协会	15567989	鸭蛋	
180	新泰甜山楂	新泰市刘杜镇甜红子山楂协会	14963408	山楂（新鲜的）	
181	陵阳西瓜	莒县陵阳镇西瓜协会	17380329	西瓜	
182	莒县黄芩	莒县库山中药材协会	16970270	黄芩（中药材）	
183	莒县葡萄	莒县葡萄协会	19346872	新鲜葡萄	
184	招贤桂花	莒县招贤镇桂花协会	16970271	桂花树	
185	王丕芹菜	金乡县王丕街道蔬菜协会	17471600	芹菜	
186	战湾黄瓜	汶上县次丘镇蔬菜协会	18137435	黄瓜	
187	汶上白莲藕	汶上县次丘镇蔬菜协会	18098991	莲藕（新鲜蔬菜）	
188	汶上大荸荠	汶上县次丘镇蔬菜协会	18137434	荸荠（新鲜水果）	山东
189	嘉祥白菊花	嘉祥县纸坊镇药用白菊花协会	14641159	白菊花（中药药材）	
190	嘉祥大蒲莲猪	济宁嘉祥东三大蒲莲猪养殖协会	15984060	猪（活动物）	
191	嘉祥小尾寒羊	嘉祥县小尾寒羊养殖协会	14765433	羊（活的）	
192	泗水大葱	泗水县金庄镇瓜菜协会	16691836	葱（新鲜蔬菜）	
193	泗水黄姜	泗水县金庄镇瓜菜协会	17048794	姜（新鲜蔬菜）	
194	泗水蜂蜜	泗水县圣水峪镇西仲都蜜蜂养殖协会	14765429	蜂蜜	
195	泗水黄牛	泗水县圣水山畜牧养殖协会	17048795	牛（活动物）	
196	曲泗西瓜	泗水县泗河街道办事处农业综合服务中心	16359097	西瓜	
197	白石小麦	泗水县高峪镇优质农产品协会	15558652	小麦	
198	泗水大樱桃	泗水县星村镇北陈村超圣仙大樱桃协会	17048796	樱桃	
199	洪山樱桃	邹城市香城镇果蔬协会	16691837	樱桃	

（续上表）

序号	商标名称	注册人	注册号	商品	省份
200	洪山苹果	邹城市香城镇果蔬协会	16691838	苹果	山东
201	城前山豆角	邹城市城前镇十八趟果蔬协会	16519370	豆角（新鲜蔬菜）	
202	城前大枣	邹城市城前镇后瓦大枣协会	16519372	鲜枣	
203	城前大樱桃	邹城市城前镇石门大樱桃协会	16519371	樱桃	
204	城前柿子	邹城市城前镇林果协会	16519369	柿子（新鲜水果）	
205	城前花生	邹城市城前镇农产品种植协会花生分会	16519367	新鲜花生	
206	尚河苹果	邹城市城前镇农产品种植协会	16858788	苹果	
207	太平山药	邹城市太平镇山药种植协会	18162036	山药（新鲜蔬菜）	
208	郯城大蒜	郯城县马陵山优质农产品开发服务协会	15485873	大蒜（新鲜蔬菜）	
209	郯城生姜	郯城县马陵山优质农产品开发服务协会	15485874	新鲜生姜	
210	齐河玉米	齐河县粮食产业协会	15441025	玉米	
211	齐河小麦	齐河县粮食产业协会	15441026	小麦	
212	神头香椿	德州市陵城区神头镇香椿协会	17098611	香椿（新鲜蔬菜）	
213	高青雪桃	高青县雪桃产业协会	17153366	桃	
214	高青葡萄	高青县葡萄行业协会	17200743	新鲜葡萄	
215	博山陶瓷	博山陶瓷商会	15384222	瓷器等	
216	淄砚	淄博市淄川区淄砚协会	15339217	砚台	
217	马踏湖白莲藕	桓台县起凤马踏湖特产产业协会	17141217	藕（新鲜蔬菜）	
218	寿光茄子	寿光市纪台镇农副产品协会	16519368	茄子（新鲜蔬菜）	
219	老河口狗光鱼	潍坊滨海经济技术开发区渔业协会	15501880	狗光鱼（鲜活）	
220	茌平乌枣	茌平县优质农产品协会	17463010	干枣	
221	东阿草莓	东阿县多种经营办公室	15616806	草莓	
222	垦利大米	垦利县农学会	17037036	大米	
223	垦利黄河滩区小麦	垦利县农学会	17037037	小麦	

（续上表）

序号	商标名称	注册人	注册号	商品	省份
224	广饶草莓	东营市奥程草莓研究所	16691834	草莓（新鲜水果）	山东
225	单县青山羊	单县养羊协会	14765430	羊肉	
226	巨野樱桃	巨野县舒展樱桃协会	17744200	樱桃	
227	商城筒鲜鱼	商城县特色菜研究会	16267892	鱼（非活）	河南
228	延津小麦	延津县金粒小麦协会	17981921	小麦	
229	林州茶店柿饼	林州市茶店镇农业服务中心	16621936	柿饼	
230	林州茶店太行菊	林州市茶店镇菊花种植协会	16621937	菊花茶	
231	林州茶店山楂	林州市茶店镇农业服务中心	16621938	山楂	
232	平舆白芝麻	平舆县农业科学技术试验站	17460867	未加工的食用芝麻	
233	灵宝大枣	灵宝市大枣产业协会	16391944	干枣	
234	虞城乔藕	虞城县莲藕种植协会	15578954	莲藕（新鲜蔬菜）	
235	张港花椰菜	天门花椰菜产销协会	18720222	花椰菜	湖北
236	东西湖葡萄	武汉市东西湖区巨龙海葡萄种植协会	16425170	新鲜葡萄	
237	宜昌红茶	宜都市宜红茶协会	10356050	茶	
238	雾渡河猕猴桃	宜昌市夷陵区雾渡河镇猕猴桃专业协会	15625339	猕猴桃	
239	兴山杨鱼	兴山南阳镇水产品产业协会	15638590	活鱼	
240	兴山杨鱼	兴山南阳镇水产品产业协会	15638589	活鱼	
241	枝江棉纱	枝江市农业技术推广中心	15494309	棉线和棉纱	
242	长阳金栀	长阳金福红栀协会	14603285	栀果（植物）	
243	应城糯米	应城市糯米行业协会	16425397	糯米	
244	利川工夫红茶	利川市茶产业协会	16745054	茶	
245	梁湖碧玉茶	鄂州市沼山茶油协会	14531126	茶叶	
246	梁子湖红菱	鄂州市城乡名特农产品协会	15534548	菱角（干制加工的）	
247	杨林湖白莲	鄂州市城乡名特农产品协会	15534546	莲子（新鲜未加工的）	

（续上表）

序号	商标名称	注册人	注册号	商品	省份
248	杨林湖白莲	鄂州市城乡名特农产品协会	15534547	莲子（干制加工的）	湖北
249	房县豆油精	房县豆制品协会	15811258	豆油精（豆制品）	
250	房县小花菇	房县食用菌产业协会	17011628	小花菇（干制）	
251	房县阳荷	房县阳荷	17011860	阳荷（新鲜蔬菜）	
252	郧西核桃油	郧西县古榨食用油研究会	16898386	核桃油（食用油）	
253	张广河天麻	麻城市三河口镇张广河天麻产业协会	16038839	天麻	
254	英山云雾茶	英山云雾茶产业协会	5593543	茶	
255	余店大白菜	广水市余店镇农业服务中心	14003586	大白菜(新鲜蔬菜)	
256	松滋鸡	松滋市惠民土鸡产业发展服务中心	15960668	鸡（非活）	
257	街河市烟叶	湖北省松滋市绿生土特产业发展中心	16657411	烟草	
258	麻砂滩萝卜	松滋市绿生土特产业发展中心	17202519	萝卜干	
259	洪湖菱角	洪湖市莲藕协会	17142548	菱角（未加工的）	
260	洪湖菱角	洪湖市莲藕协会	17142549	加工过的菱角	
261	斗湖堤冬瓜	公安县农特产业服务中心	17557622	冬瓜（新鲜蔬菜）	
262	张家岗荸荠	公安县农特产业服务中心	17557623	新鲜荸荠	
263	公安葡萄	荆州市葡萄协会	16425395	新鲜葡萄	
264	襄古桐	襄阳市襄州区油桐种植协会	14658098	桐油	
265	襄阳豆腐干	襄阳市樊城区豆制品行业协会	16358695	豆腐干	
266	襄阳豆腐	襄阳市樊城区豆制品行业协会	16358697	豆腐	
267	襄阳花生	襄阳市襄州区花生种植加工协会	17389433	新鲜花生	
268	襄阳菜籽油	襄阳市襄州区油菜籽种植加工协会	17011803	食用菜籽油	
269	襄阳油菜籽	襄阳市襄州区油菜籽种植加工协会	17011802	油菜籽	
270	保康土蜂蜜	保康县野花谷蜜蜂养殖专业技术协会	14765428	蜂蜜	
271	枣阳半枝莲	枣阳市中药材种植协会	16922402	半枝莲（中药材）	
272	宜城米	宜城市粮食经济学会	16713321	米	

（续上表）

序号	商标名称	注册人	注册号	商品	省份
273	荆山苞谷糁子	南漳县农业科学研究所	15180585	玉米糁子（碾碎的玉米粒）	湖北
274	杨堡辣椒	咸宁市咸安区杨堡辣椒产业协会	16955489	辣椒（新鲜蔬菜）	
275	通城猪	通城县通城两头乌猪研究所	16425396	猪（活动物）	
276	隐水枇杷	通山县枇杷协会	16744782	枇杷	
277	浏阳菊花石雕	浏阳市浏阳河菊花石研究所	14634871	石、混凝土或大理石艺术品等	湖南
278	安化红	安化县茶业协会	8947176	茶	
279	安化红茶	安化县茶业协会	8947177	茶	
280	桃江竹笋	桃江县竹产业协会	17824429	笋干	
281	岳阳芭蕉扇	岳阳县农业技术推广站	15666717	芭蕉扇（非电动）	
282	岳阳黄颡鱼	岳阳县农业技术推广站	15666161	黄颡鱼（活鱼）	
283	岳阳兰花萝卜	岳阳县农业技术推广站	15665382	五香萝卜	
284	岳阳张谷英油豆腐	岳阳县农业技术推广站	15667923	豆腐	
285	道州脐橙	道县农业技术推广中心	16745895	橙	
286	江华苦茶	江华瑶族自治县农业技术推广中心	13858983	茶	
287	辰溪茶油	辰溪县爱民油茶产业协会	15385888A	茶油	
288	汝城白毛茶	汝城县经济作物站	15984061	茶叶	
289	耒阳油茶	耒阳市油茶产业协会	16323311	食用油	
290	衡南烟叶	衡南县人民政府烟叶生产办公室	16159594	烟草	
291	祁东槟榔芋	祁东县蔬菜行业协会	16493318	芋	
292	船山烟草	衡阳县烟叶开发办公室	15671983	烟草（烟叶）	
293	炎陵黄桃	炎陵县炎陵黄桃产业协会	18020220	桃	
294	梅县金柚	梅县水果流通协会	14616403	柚子	广东
295	凌云白毫	凌云县茶叶管理中心	16225264	茶	广西
296	百色芒果	百色市发展水果生产办公室	17625752	芒果	

（续上表）

序号	商标名称	注册人	注册号	商品	省份
297	都安山羊	都安瑶族自治县畜牧管理站	14266233	羊肉等	广西
298	金田淮山	桂平市农村合作经济经营管理指导站	15577841A	淮山药（新鲜蔬菜）	
299	永兴黄皮	海口市秀英区永兴镇农业服务中心	16214891	黄皮	海南
300	定安鹅	定安县畜牧兽医局	13730197	活鹅	
301	保亭红毛丹	保亭黎族苗族自治县热带作物发展服务中心	16071175	红毛丹	
302	七仙岭山竹	保亭黎族苗族自治县热带作物发展服务中心	16402065	山竹果	
303	保亭山兰米	保亭黎族苗族自治县农业技术服务中心	16400688	米	
304	保亭什玲鸡	保亭黎族苗族自治县畜牧兽医与渔业局	18247294	什玲鸡（活家禽）	
305	涪陵脐橙	重庆市涪陵区珍溪镇农业服务中心	16591111	脐橙（新鲜水果）	重庆
306	梁平松花皮蛋	梁平县农副产品协会	14354794	皮蛋（松花蛋）	
307	万州青脆李	重庆市万州区青脆李专业技术协会	16129261	李子	
308	万县老土鸡	重庆市万州区现代生态农牧联合会	16058756	鸡（活的）	
309	万县老土鸡	重庆市万州区现代生态农牧联合会	16058757	鸡（非活）	
310	酉阳蜂蜜	酉阳土家族苗族自治县两罾乡农业服务中心	16425224	蜂蜜	
311	白马蜂蜜	武隆县蜜园蜂蜜专业技术协会	15329660	蜂蜜	
312	南川天麻	重庆市药物种植研究所	15886835	天麻	
313	垫江蜜本南瓜	垫江县果品蔬菜管理站	16518089	新鲜南瓜	
314	巫山粉条	巫山县大溪乡农业服务中心	15825683	粉丝（条）	
315	彭水猕猴桃	彭水苗族土家族自治县猕猴桃协会	16425225	新鲜水果（猕猴桃）	
316	都江堰猕猴桃	都江堰市猕猴桃协会	12746954	猕猴桃	四川
317	蒲江丑柑	成都市蒲江地方名特产品保护促进会	17721363	丑柑（新鲜柑橘）	
318	曾家山土鸡	广元市朝天区畜牧兽医技术推广服务中心	13807481	土鸡	

（续卜表）

序号	商标名称	注册人	注册号	商品	省份
319	苍溪川明参	苍溪县经济作物技术指导站	15492703	川明参	
320	金阳白魔芋	金阳县白魔芋开发领导小组办公室	15917198	白魔芋	
321	会东黑山羊	会东县畜牧站	18171385	山羊（活动物）	
322	美姑岩鹰鸡	美姑县畜牧局畜牧站	11504519	鸡（活的）	
323	川红工夫	宜宾市茶叶站	12949947	茶	
324	平武大红公鸡	平武县畜牧产业发展协会	15982478	鸡（活家禽）	
325	平武中蜂	平武县蜂业协会	15981561	蜜蜂（活动物）	
326	平武黄牛	平武县畜牧产业发展协会	15980949	黄牛（活动物）	
327	高坪甜橙	南充市高坪区果树技术指导站	17316536	甜橙（新鲜水果）	
328	蜀宣花牛	宣汉县畜禽繁育改良站	15492321	牛（活动物）	
329	开江麻鸭	开江县畜禽改良站	16128245	麻鸭（活动物）	
330	开江白鹅	开江县畜禽改良站	16129193	白鹅（活动物）	
331	犍为茉莉茶	犍为县茉莉花协会	15279068	茶	四川
332	古蔺面	古蔺县古蔺面协会	17557223	挂面	
333	小金苹果	小金县农业局经济作物管理站	15767492	苹果	
334	三江黄牛	汶川县畜牧兽医学会	13403084	牛（活动物）	
335	汶川羌绣	汶川县羌绣协会	15929808	银线制绣品等	
336	汶川甜樱桃	汶川县农技推广站	15502711	樱桃	
337	麦洼牦牛	红原县畜牧工作站	16034119	牦牛（活动物）	
338	麦洼马	红原县畜牧工作站	16034114	马（活动物）	
339	雅安藏茶	雅安南路边茶商会	15878604	茶	
340	仁寿芝麻糕	仁寿县芝麻糕协会	15330168	芝麻糕（糕点）	
341	广安松针	广安市前锋区经济作物技术推广站	15628852	茶	
342	广安白市柚	广安市前锋区良种场	17515006	柚（新鲜水果）	
343	武胜金甲鲤	武胜县水产协会	13289152	活鲤鱼	
344	巴塘苹果	四川省巴塘县农业技术推广站	16454135	苹果	

（续上表）

序号	商标名称	注册人	注册号	商品	省份
345	理塘牦牛	理塘县畜牧站	16335430	牦牛肉（肉）	
346	理塘牦牛	理塘县畜牧站	16336937	牦牛（活动物）	
347	得荣树椒	得荣县农业技术推广和土壤肥料站	15196036	树椒（新鲜蔬菜）	四川
348	得荣核桃	得荣县农业技术推广和土壤肥料站	15224076	核桃（新鲜水果）	
349	新龙油菜	新龙县农村经营管理站	16379664	油菜（新鲜蔬菜）	
350	关岭黄牛	关岭布依族苗族自治县草地畜牧业发展中心	17059491	牛（活动物）	
351	毕节白萝卜	毕节市七星关区果蔬技术推广站	15395907	萝卜（新鲜的）	
352	毕节白蒜	毕节市七星关区果蔬技术推广站	15395908	蒜（新鲜的）	
353	大方漆器	大方县特色产业发展中心	16022012	漆器工艺品	
354	大方天麻	大方县特色产业发展中心	16022013	天麻	贵州
355	大方皱椒	大方县特色产业发展中心	16022014	干辣椒	
356	大方豆干	大方县特色产业发展中心	16022015	豆腐制品	
357	晴隆糯薏仁	晴隆县糯薏仁协会	15135106	糯薏仁米	
358	册亨茶籽油	册亨茶籽油行业协会	17360259	茶籽油	
359	惠水大米	惠水县雅水镇农业服务中心	15982549	大米	
360	撒坝猪	禄劝彝族苗族自治县畜牧兽医总站	13244731	活猪	
361	元阳梯田红米	元阳县哈尼梯田红米协会	15429873	米	
362	普洱石斛	普洱市石斛产业协会	14465079	石斛	
363	富源魔芋	富源县魔芋协会	15769814	魔芋（加工过的）	
364	罗平小黄姜	罗平县特色产业协会	17569507	黄姜（调味品）	
365	罗平小黄姜	罗平县特色产业协会	17569508	黄姜（脱水蔬菜）	云南
366	师宗薏仁米	师宗县农业局农业技术推广中心	16179691	米	
367	乐业辣椒	会泽县乐业镇优质辣椒产销协会	16943749	辣椒（调味品）	
368	元谋青枣	元谋县果蔬行业商会	15628599	青枣	
369	楚雄核桃	楚雄市核桃产业协会	17378855	新鲜核桃	
370	腾冲红茶	腾冲县茶叶协会	17175217	茶	

（续上表）

序号	商标名称	注册人	注册号	商品	省份
371	腾冲绿茶	腾冲县茶叶协会	17175323	茶	云南
372	腾冲乌龙茶	腾冲县茶叶协会	17259261	茶	
373	腾冲黑茶	腾冲县茶叶协会	17259279	茶	
374	腾冲白茶	腾冲县茶叶协会	17787214	茶	
375	丽江玛咖	丽江市生物产业协会	15605276	玛咖（药用植物根）	
376	华坪芒果	华坪县园艺站	15629703	芒果	
377	新平腌菜	新平彝族傣族自治县酱咸菜行业协会	15547149	腌制蔬菜（腌制扁杆大青菜）	
378	峨山大龙潭花椒	峨山彝族自治县大龙潭乡花椒协会	16225893	花椒	
379	扎囊氆氇	西藏扎囊县特色产业发展协会	14005128	毛织品	西藏
380	紫阳红	紫阳县茶业协会	13641531	茶	陕西
381	陇州核桃	宝鸡市核桃流通协会	12198630	坚果（核桃）	
382	城固元胡	城固县农业技术推广中心	14001803	元胡	
383	留坝猪苓	留坝县中药材种植协会	15262380	猪苓	
384	咸阳茯茶	咸阳市茶业协会	16279814	茶	
385	柞水大红栗	柞水县林特产业发展中心	15169611	新鲜栗子	
386	凉州羊羔肉	凉州区养羊协会	17970753	羊肉	甘肃
387	武山蒜苗	武山县蔬菜协会	16292498	蒜苗（新鲜蔬菜）	
388	清水大麻	清水县大麻协会	17515699	大麻	
389	康乐牛	康乐县畜牧技术推广站	15835885	牛肉	
390	康乐牛	康乐县畜牧技术推广站	15835886	牛肉	
391	和田甜瓜	和田地区农村合作经济组织协会	17306964	甜瓜	新疆
392	和田石榴	和田地区农村合作经济组织协会	17306965	石榴	
393	和田葡萄	和田地区农村合作经济组织协会	17306969	新鲜葡萄	
394	优级格拉夫 GRAVES SUPERIEURES	波尔多葡萄酒行业联合委员会	15615992	葡萄酒	法国

第六章　商标评审

2016 年，商评委深入学习贯彻党的十八大和十八届三中、四中、五中、六中全会精神，在国家工商总局党组坚强有力领导下，开拓思路，主动作为，负重前行，攻坚克难，商标评审便利化水平显著提升，案件审理质量持续改善，圆满完成了各项工作任务。

一、尽心履职，高效确权，严格按法定时限完成评审任务

2016 年，商事制度改革红利持续释放，各类市场主体竞相发展，商标评审案件申请量迅猛增长。2016 年共收到各类评审案件申请 15.61 万件，增长 32.77%，创历史最高水平。其中收到驳回复审申请 13.06 万件，同比增长 31.27%；收到涉及双方当事人的复杂案件申请 2.55 万件，同比增长 40.94%。面对不断增长的案件申请数量、严格的法定审限、案件审理人员同比大幅减少等多重压力，商评委科学调配力量，深挖办案潜力，在保证案件审理质量的前提下，大幅提高案件审理效率，共审结各类评审案件 12.52 万件，不仅比 2015 年审理量增长 15.85%，而且比 2015 年受理量增长 6.49%，总体上实现了收结案的动态平衡，进一步缩短了审理时间。其中驳回复审案件 10.42 万件，同比增长 15.6%；涉及双方当事人的复杂案件 2.1 万件，同比增长 17.1%。目前，除因法定事由需要中止审理或延期审理的少量案件外，均已严格按照审限要求完成了案件审理任务，较好履行了法律职责。

（一）细化目标，均衡推进案件审理进度。进一步完善目标任务分解、任务量包干等措施，责任到处室、到人头，充分调动工作积极性。优化案件审理流程，上线运行并案审理系统，调整撤销复审、不予注册复审调卷模式，提高了案件审理效率。坚持执行月报制度，及时跟踪分析工作量完成及待审数量变化情况，全面掌握案件办理进度。指定专人紧盯案件时限,对临近审限的案件逐一排查梳理,督促尽快审结,

努力避免案件超审限情况的发生。排查梳理待审案件，确定涉及暂缓审理案件的标准和报签程序，推动了积压案件的彻底解决。

（二）落实责任，进一步加强质量管理和监督。细化组长审改、处长审签、分管副主任审核责任，对案件审理层层严格把关，强化质量管理。加强绩效考核与管理，强化审理人员责任意识，确保案件审理质量。加强规范引导，提升裁定文书撰写水平，确保"要点不漏审、说理有参照"。强化行政诉讼案件分析反馈，及时发现和防范各类审理过程中可能出现的疏失和问题，全方位促进审理质量和水平的提升。

（三）密切配合，努力完善业务信息系统。克服信息化推进过程中人员不足、缺乏专业队伍等困难，主动与信息中心及业务系统研发单位密切合作，及时发现问题，及时反馈研发人员，全力推进系统各项功能健全、优化和升级，既提高了系统的工作稳定性，也提升了管理水平，提高了工作效率。

二、创新举措，优化服务，积极推进商标评审便利化

2016 年，商标评审案件月均申请量达 1.23 万件，窗口接待和案件受理工作压力巨大。商评委努力克服人手少、任务重的困难，积极倾听和回应服务需求，采取多项措施改进服务，提高公共服务水平。

（一）强力推进评审文书公开及口头审理工作。每月通过随机抽取方式公开部分商标评审决定和裁定，制定《商标评审案件口头审理办法》，增加评审工作透明度，接受社会监督。

（二）优化窗口建设，搭建公共服务便利平台。进一步加强案件受理、咨询接待、电子平台"三个窗口建设"，为群众提供便捷周到的服务。及时修订完善了窗口服务规范、当事人接待制度、咨询答疑制度和工作守则等窗口服务制度，以刚性的制度规定和严格的制度执行服务当事人和社会公众。

（三）强化交流互动，注重示范引导。做好当事人和社会公众咨询回应，耐心答疑，热情解惑。创新互动形式，增加了咨询电话，设立了专门咨询岗，充实网站功能，提供网上咨询、便民问答、监督投诉、便民信箱等服务。坚持舆情研判和分析，及时了解群众所需所想。及时发布典型案例，强化依法授权确权的示范引导，提高社会服务水平。

（四）深入交流研讨，广泛听取意见建议。畅通沟通渠道，健全常态化、多层面

▲ 2016 年 6 月 16 日，为认真落实国家工商总局党组全面深化商标注册和管理制度改革的部署，进一步改进商标评审工作，提高便利化水平，商评委召开部分商标代理机构座谈会。商评委领导干部和十余家商标代理机构的代表参加座谈。

沟通联络机制，把及时回应社会关切作为推动工作创新发展的重要动力。先后于 6 月和 10 月组织召开了两次部分商标代理机构座谈会，10 月组织召开了部分省市商标业务骨干座谈会，围绕提高商标行政确权便利化保护水平进行了热烈研讨。商评委认真听取、虚心接受各方面意见，并在会后进行了汇总梳理、逐条研究，切实落实到各项工作中。

三、统一标准，明确导向，着力提高依法行政工作水平

持续推进商标评审工作规范化、法制化建设，通过完善审理标准、强化司法衔接、加强培训交流等措施，进一步提升了商标评审工作依法行政能力和水平。2016 年，商评委一审被诉案件 5345 件，比上年减少了近 30%。

（一）**发布新的商标审理标准**。在反复征求各方面意见的基础上，结合多年商标评审实践尤其是新《商标法》的执行情况，认真论证修订，经国家工商总局批准公布了《商标审查及审理标准》。审理标准部分新增了特定关系人抢注他人在先使用商标审理标准、注册商标成为其核定使用商品通用名称审理标准和利害关系人的认定标准，调整、充实了部分审理标准。

（二）**不断深化与司法部门的沟通衔接**。与北京市高级人民法院和北京知识产权法院召开商标授权确权行政案件研讨会，就部分法律条款的理解与适用、商标评审与商标授权确权行政诉讼中涉及到的程序问题以及实践中存在争议的其他法律适用问题等进行了研讨，形成了《关于商标授权确权行政案件审查标准适用若干问题的解答意见》，推进商标行政确权和司法审查在法律适用上的顺畅衔接和审查标准的趋同。与北京知识产权法院就商标驳回复审行政案件适用简易程序审理达成一致，依法简化该类案件的答辩、举证质证、证据交换、送达等工作环节，探索试用速审机制，

促进商标申请驳回复审行政纠纷快速解决。同时，针对阶段收结案情况、阶段工作问题等重点内容，建立双方的关键信息沟通机制。积极参加各级法院组织的各类研讨会，就《商标法》中的法律适用问题、《类似商品与服务区分表》中相关商品服务的类似问题等进行广泛深入探讨。

▲ 2016 年 9 月 9 日，商评委召开"商标评审与行政诉讼业务研讨会"，与北京市高级人民法院、北京知识产权法院就商标授权确权案件的法律适用和应诉协调配合等问题进行广泛而深入的交流，总局法规司、商标局、商标审查协作中心派员参加业务研讨。

（三）持续抓好商标法律知识宣传培训工作。 派员赴贵州、云南等地参与面向地方政府和企业的新《商标法》实施专题培训授课，传播商标法律知识。以开展"4·26"知识产权日专题宣传为契机，及时发布商标评审二十大典型案例，加大宣传力度，提高社会各界的商标法律意识。先后在贵阳商标品牌战略研讨会、昆山中国国际商标品牌节和深圳 2016 年地方党政领导干部工商行政管理专题研究班举办商标评审口头审理演示，提升了商标评审工作的影响力和公信力。在总局行政学院举办全国工商和市场监管部门商标确权行政保护能力促进专题培训班，紧紧围绕商标确权领域的理论研讨和实务操作开展专题讲授和探讨交流，并现场观摩了华为公司的知识产权发展保护经验，收到了良好效果。

▲ 2016 年 10 月 23 日至 10 月 28 日，商评委在总局深圳行政学院举办了全国工商和市场监督管理部门商标确权行政保护能力促进专题培训班。商评委主任赵刚出席培训班开班式并讲话。来自全国各省、自治区、直辖市工商和市场监督管理部门从事商标管理工作的业务骨干 99 人参加了培训。

四、深化沟通，加强协作，高效完成行政复议工作

2016 年，商评委共收到行政复议申请 849 件，比上年下降 10%；审结行政复议案件 974 件，比上年增长 26.7%。商评委一方面加强与商标局的沟通协调，促进商标局与当事人达成和解，快速解决行政纠纷；另一方面充分发挥行政复议制度的监督功能，依法保障当事人的合理诉求，及时调整商标注册申请程序中存在瑕疵或缺陷的规定或做法。

一是不断加大对商标注册管理机关的监督力度。强化对当事人权利的救济，督促商标注册管理机关工作的法治化、规范化，为推进商标注册便利化提供保障。二是持续加强对行政复议决定执行情况的追踪。了解行政复议决定特别是撤销商标局决定的案件的后续执行情况，确保行政复议功能切实有效发挥。三是进一步规范行政复议工作程序。完善了行政复议补正程序，提高了行政复议工作效率。

五、创新举措，健全机制，有力维护商标确权领域公平竞争秩序

坚持把维护当事人合法商标权益与制止商标恶意抢注行为有机结合起来，坚决遏制和打击商标确权领域内的不正当竞争行为，维护公平竞争的市场秩序。

（一）深化商标评审法律理论研究。组织开展"商标恶意抢注行为与企业信用监管"专项课题研究，分析总结商标恶意抢注案件的特点和规律，探索综合运用信用约束机制，有力惩戒失信，鼓励自主创新，为商标行政确权保护领域加强事中事后监管、营造公平竞争的市场环境提供理论支撑和智力支持。

（二）不断创新和强化恶意抢注案件的统计分析和成果应用工作。在有力遏制和打击商标确权领域内的不正当竞争行为的同时，对相关案件多发区域、商品领域、侵权行为特点等进行要素分析，开展涉外商标评审案件分析，并探索相关数据信息与市场主体信用信息公示系统的共享互通，强化成果运用，积极推进诚信社会建设。

（三）规范驰名商标认定和保护工作。把涉驰案件审理作为一项经常性工作，及时进行研究讨论。突出强调驰名商标按需认定原则，只对确有扩大保护需求的案件进行认定，对不需认定或者因商标缺乏独创性不宜扩大保护的案件不予认定或判定达不到驰名程度。2016 年在商标争议处理过程中依法对 96 件驰名商标予以认定和保护，有力维护了商标确权领域的公平竞争秩序。

（四）完善和用好案件调解和解机制。鼓励当事人之间自行或者经调解达成和解，

更好地发挥促进社会和谐稳定的作用。

六、加强交流，深化合作，努力营造国际化、法治化、便利化的营商环境

高度关注世界知识产权保护的新趋势、新动向，妥善应对涉外商标权利保护的热点、难点问题，做好涉外商标评审案件审理工作，积极参加商标领域多边及双边交流活动，借鉴国际先进经验。

一是在案件审理中坚持国民待遇原则，平等保护国外当事人的商标权益，着力树立我国保护知识产权的良好形象。二是多次参与接待来自美国、欧盟、非洲英语国家等代表团来访，就商标知识产权保护面临的突出问题进行交流，对焦点案件进行了释疑解惑，增进理解和共识。三是先后与欧盟、美国等共同主办商标保护研讨会，派员赴美国、日本、欧盟、韩国等国家和地区考察学习，进一步宣传展示我国商标确权保护事业的新进展和新成绩。

第七章　商标法治建设

2016 年，商标局积极推进商标法治建设，认真贯彻落实新《商标法》和《商标法实施条例》，规范做好商标行政诉讼和行政复议案件应诉工作，圆满完成《商标审查及审理标准》修订工作，为实施商标品牌战略提供有力的法律保障。

一、认真做好商标注册便利化改革法律服务

认真领会习近平总书记关于"坚持在法治下推进改革、在改革中完善法治，做到重大改革于法有据、立法主动适应改革和经济社会发展需要"的重要指示，准确领会把握改革精神，研究商标改革方案和改革措施，研究加快商标注册申请受理通知书发放、设立地方商标受理窗口、网上申请、取消商标注册证明等改革措施中的法律问题，及时提出合法化建议。就取消国内注册证明方案走访北京知识产权法院征求意见，邀请法学界学者、企业、代理机构等各方面的

▲ 2016 年 7 月 8 日，商标局召开取消对自然人申请商标注册限制有关问题专家研讨会。

代表，就针对取消对自然人商标申请限制、《商标法》与《行政诉讼法》重大问题等议题多次召开专家研讨会，为重大决策提供法律支持。

商标局及时发布《关于简化部分商标申请材料和手续的通知》，并发布《通告》，对个体工商户办理商标注册申请时，申报商品或服务范围是否在其核准经营范围内不再进行审查，便于商标申请人了解并办理商标事宜。同时，为配合商标注册便利

化改革实践需要，以国家工商总局名义发布《关于大力推进商标注册便利化改革的意见》，并印发《委托地方工商和市场监管部门受理商标注册申请暂行规定》的通知；以商标局名义颁布《注册商标专用权质权登记受理点工作规程》《关于规范商标受理窗口名称等事宜的通知》等

▲ 2016年5月29日，商标局召开《商标法》与《行政诉讼法》适用有关问题专家研讨会。

文件，为商标注册便利化改革做好法律服务。

二、积极做好《商标法》配套规章和政策性文件清理

为了贯彻落实简政放权、放管结合、优化服务的改革精神，商标局对现行有效的商标注册和管理规章进行了清理，废止《马德里商标国际注册实施办法》（2003年4月17日国家工商行政管理总局令第7号公布）、《商标代理管理办法》（2010年7月12日国家工商行政管理总局令第50号公布）两部规章。同时，根据《国务院办公厅关于做好行政法规部门规章和文件清理工作有关事项的通知》（国办函〔2016〕12号）的要求，在商标注册管理方面废止失效了14件不利于"稳增长、促改革、调结构、惠民生"的政策性文件。

三、努力构建更加公平合理的商标领域国际规则

主动参与商标领域国际规则制定，提高我国商标领域的制度性话语权和影响力。积极参与区域全面伙伴关系协定、中国海合会自贸区、中日韩自贸区、中国格鲁吉亚自贸区、中国和欧亚经济联盟经贸合作协议等多项国际谈判共计15次。研究相关条款，多次提供对案和背景材料，并派员参加了相关会议，积极维护我国权益，为中国品牌"走出去"构建更加公平的国际营商环境。做好世贸组织第六次对华知识产权审议答复工作，对多个其他贸易伙伴成员提出的问题单研究提出答复意见。

四、做好复议应诉工作，提高依法行政水平

全年共办理行政复议案件 747 件，行政诉讼一审、二审案件 105 件。复议诉讼主要案件类型为：商标注册申请不予受理、异议申请不予受理；转让、续展、变更、出具商标注册证明等申请不予受理、不予核准等类型。商标局主动适应社会矛盾纠纷预防化解新需要，通过行政复议答复和行政诉讼应诉不断推动提高商标局法治建设水平。一是加强沟通，提高依法行政能力。加强与司法机关和复议机关的沟通，准确把握人民法院和商评委在行政诉讼复议中对于行政行为的审查标准，自觉将这种审查标准作为行政执法的指导，规范行政行为，注重程序合法。与法院加强沟通有关疑难案件，既充分阐述商标行政管理实践，又注重听取人民法院的意见和建议。二是完善制度，从源头上化解诉讼。加强研究和解决复议和诉讼案件中的共性问题，推动提高商标局法治建设水平。通过对具体案件的办理，上升到对一般问题的研究，协调统一有关标准，从源头上化解争议。复议中商标局主动撤回行政决定并恢复审查 369 件，占 49.3%。

五、圆满完成《商标审查及审理标准》修订工作

新《商标法》颁布实施后，商标局、商评委高度重视《商标审查及审理标准》的修订工作。分别成立了审查、审理标准修订起草小组，明确牵头处室和召集人，在反复征求意见基础上，于 2015 年年底前完成了修订稿初稿。之后，多次召开审查、审理标准起草小组会议、审查业务例会等对此进行讨论，并根据会议意见多次进行修改。为充分听取业内各界对《商标审查及审理标准》（征求意见稿）的意见和建议，分别向最高人民法院、北京市高级人民法院、北京知识产权法院、部分工商和市场监管部门、商标审查协作中心、中华商标协会（委托其征求部分代理机构意见）等部门征求了意见。

在整理汇总、吸收采纳各方意见后，形成《商标审查及审理标准》（送审稿），经国家工商总局批准公布后于 2017 年向社会公布。此次修订的主要内容有：一是新《商标法》增加了声音商标客体，与之相适应新增声音商标审查标准；二是新增审查意见书在审查实务中的适用标准；三是新《商标法》第十条的部分修改引起审查标准的变化；四是新《商标法》禁止商标代理机构超范围申请注册商标，新增《商标法》第十九条第四款的适用标准；五是新《商标法》规定了审查期限，新增《商标法》

第五十条的适用标准；六是新增《商标法》第十五条第二款的审理标准；七是新增利害关系人的认定标准；八是删减、新增部分案例，丰富、完善商标审查、审理标准的内容。

第八章　商标代理

2016 年，我国商标代理事业继续快速发展。商标代理机构的数量持续快速增长；商标代理机构的监管进一步加强，商标代理机构信用信息平台和网上备案系统招标完成并开始建设；《商标代理信用信息管理暂行办法》的立法进程正式启动。商标代理机构行业自律水平、业务水平不断提高，国际交流合作继续加强。

一、商标代理机构的基本情况

截至 2016 年 12 月 31 日，我国商标代理机构总数为 26635 家，其中律师事务所 8835 家，新增经工商登记的商标代理机构 2712 家，新增律师事务所 212 家。自 2002 年以来，中国商标代理机构数量一直保持快速增长势头。

2002 年以来经工商登记的备案代理机构总数（单位：家）

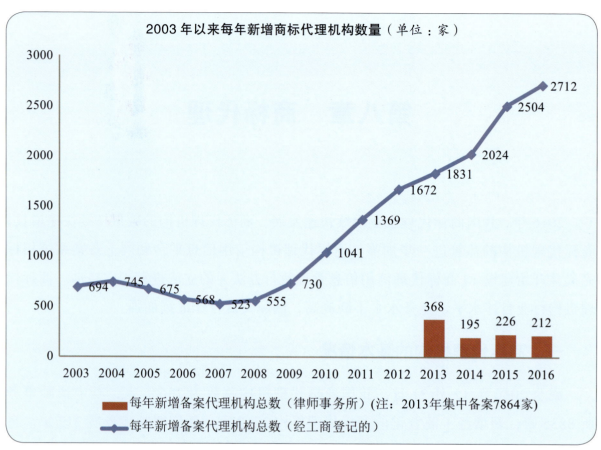

2003 年以来每年新增商标代理机构数量（单位：家）

每年新增备案代理机构总数（律师事务所）(注：2013年集中备案7864家)

每年新增备案代理机构总数（经工商登记的）

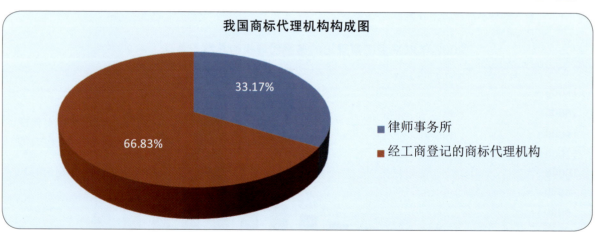

我国商标代理机构构成图

33.17%

66.83%

律师事务所

经工商登记的商标代理机构

二、商标代理机构管理进一步加强

（一）提升商标代理机构备案工作自动化水平。在商标注册便利化改革的大背景下，2016 年 7 月，商标代理机构信用信息平台和商标代理机构网上备案系统作为商标局网上服务系统项目的子项目立项并完成招标工作，已经开始软件程序开发和测试工作。届时，商标代理机构的监管工作将迈上新台阶，商标代理机构可以在网上提交备案和变更备案信息，便利化程度将大幅提升。

（二）推动两个代理管理规章的立法进程。国家工商总局发布《严重违法失信企业名单管理暂行办法》后，商标代理机构信用信息平台建设也开始启动，加强商标代理机构信用监管的软硬件环境已基本成熟。2016年11月，《商标代理信用信息管理暂行办法》的立法进程正式启动，并列入2017年国家工商总局一档立法项目中。

（三）总结商标代理市场专项整治行动。2016年，国家工商总局总结了2015年第四季度部署的商标代理市场专项整治行动。各级工商和市场监管部门按照部署，根据专项行动工作目标和任务要求，结合本地区实际情况，制定工作方案和具体措施，明确目标和重点、加强组织领导、明确分工，强化保障，确保了专项整治工作的顺利开展，取得明显效果。通过这次专项行动，各地摸清了本地区商标代理机构的基本生存情况，查办了一批案件，有效地规范了商标代理市场秩序。

三、商标代理行业自律管理取得显著成效

（一）加强自律工作的制度建设。2016年，中华商标协会代理分会的三个专业委员会在充分调研的基础上，完成了《中华商标协会商标代理行业道德规范》《中华商标协会商标代理服务规范》《中华商标协会商标代理机构会员单位信用信息管理办法》起草工作。

（二）举办业务培训及考试。中华商标协会代理分会制定了《商标代理分会继续教育规定》，对商标代理人每年必须接受业务培训的时长进行了要求，并自2016年起每年年初公布本年度培训计划。2016年，中华商标协会在北京、广州和成都三地举办了第二次培训考试，1200余家会员单位的代理人参加培训考试。

▲ 2016年11月25日至26日，中华商标协会在广州市举办了商标代理人业务考前培训。

（三）开展商标代理国际交流活动。中华商标协会作为WIPO内部SCT委员会的观察员，多次组织商标代理人参加WIPO会议，与国际商标协会（INTA）、欧洲商标权人协会（Marques）、日本弁理士会等境外商标行业组织定期开展双边交流活

动。INTA 已连续两年在商标品牌节期间举办论坛。2016 年，INTA 年会期间首次举办了"CHINA UPDATE"论坛。此外，每年在大陆和台湾轮流举办的海峡两岸商标研讨会也日益受到两岸代理机构的关注。

（四）加强商标代理行业宣传。2016 年，中华商标协会举办了"优秀商标代理案

▲ 2016 年 10 月 29 日上午，在昆山国际会展中心 A 馆会议室举办了 INTA 论坛：商标价值评估与融资。本次论坛由国际商标协会（INTA）承办，国际商标协会主席 Ronaldvan Tuijl 出席论坛并致辞。

例评选"活动，取得了较大反响。在 10 月底的中国国际商标品牌节上举办了"2016 商标领军人物"表彰活动，47 家商标代理机构的负责人率领团队诚信经营，在商标代理工作中取得突出成绩，受到协会表彰。

第九章　地方商标工作

2016 年，全国各级工商和市场监管部门认真贯彻落实党的十八大和十八届三中、四中、五中、六中全会精神，按照中央经济工作会议精神，按照简政放权、放管结合、优化服务的改革精神，立足商标注册、管理、运用、保护和服务，深入实施商标品牌战略，加强指导服务，提升商标服务水平；加大监管执法力度，营造品牌发展良好营商环境，为"中国产品"向"中国品牌"转变，助推品牌引领经济发展作出更大贡献。

一、深入实施商标品牌战略，助推地方品牌引领经济发展

全国各级工商和市场监管部门充分认识实施商标品牌战略助推经济发展的重要意义，结合地方经济发展需要，建立完善政策保障，积极发挥示范引领作用，服务指导市场主体培育商标品牌，形成各级党委政府支持、部门协同推进、市场主体主动配合的良好局面。

北京市着力构建与完善"企业主体，市场主导，政府推动，行业促进和社会参与"的商标品牌实施工作格局；继续发挥"北京市商标战略推进工作办公室"的平台作用，为企业实施商标战略提供全方位、多领域、立体化的政策支持。

天津市本着转变观念、创新管理、贴近民生、服务经济的理念，以制定一个示范方案、建立二个协作机制、建立完善三个网络平台、实施四个覆盖为重点，引领全市商标战略实施工作再上新水平。

河北省加强加示范引领作用，组织召开河北省

▲ 河北省工商局向首批认定的商标战略实施示范县（市、区）、示范企业授牌。

商标战略实施示范县（市、区）、示范企业表彰暨现场经验交流会，表彰示范县（市、区）、示范企业，交流实施商标战略的经验做法，探索可推广、可复制的商标战略实施模式。

山西省紧紧围绕"六大发展""三个突破""供给侧结构性改革"等引领经济发展新常态的战略重点和关键举措，充分发挥行政指导的作用，指导市场主体实施商标品牌战略，积极引导市场主体注册商标、正确使用商标、有效管理商标，创建自主商标品牌取得了较好的成绩。

吉林省完善商标品牌建设政策法规，下发了《关于进一步推进商标品牌建设工作的意见》，规划"十三五"时期全省商标品牌发展蓝图，明确任务措施和扶持政策，确立部门协同推进的工作机制。

内蒙古自治区印发了《内蒙古工商局"十三五"期间实施商标品牌战略规划》提

▲ 2016 年 6 月 2 日，吉林省双辽市召开全市商标品牌战略推进大会，部署商标品牌战略工作。

出了"十三五"期间实施商标品牌战略的具体工作任务，主动参与政府相关问题研究，结合商标品牌工作的实际起草了《内蒙古工商局关于加快建设绿色品牌大区的建议》。

上海市抓住"三项工程"，围绕科创中心建设，进一步推动商标品牌战略实施，服务指导企业商标品牌建设，推进"品牌强企"工程，支持企业实施商标品牌战略；努力打造"商标品牌数据库"工程；积极推进"品牌中心"工程建设，积极争取设立商标权质押受理、商标申请受理窗口，积极促进国家工商总局在沪设立商标审查协作中心。

江苏省切实加大商标战略实施力度，完善全省区域商标品牌发展指数指标体系，形成了指数报告，召开新闻发布会对外发布。积极实施商标注册便利化改革，通过实施商标品牌战略，强化核心竞争力、增加产品附加值，实现品牌扩张发展。

浙江省紧紧围绕"商标品牌战略 2016 浙江行动"工作部署电视电话会议精神，贯彻部署"扶优促强行动""惠农富民行动""市场品牌提升行动""小微企业品牌扶持行动"和"市场秩序净化行动"等五大行动，全面部署"十三五"期间商标品牌工作各项任务。

安徽省大力实施"五大发展行动计划"、质量品牌升级工程，认真开展增品种、提品质、创品牌行动，将实施商标品牌战略深度融入全省经济社会发展大局，积极参与行业、区域经济或综合性经济政策的制定。

福建省编写了《福建省2015年度商标发展报告》，对全省商标发展情况进行了全面的梳理，并要求各地工商和市场监管部门加强对本地区商标发展状况的调查分析，并将分析结果提供给地方政府，作为本级政府制定经济发展规划的参考。

▲ 2016年7月底至8月底，山东省工商局为深入贯彻落实全省品牌建设大会精神，牵头组织全省商标品牌知识巡回宣讲活动，主要任务是宣讲法律知识，交流商标战略示范企业典型经验。

山东省召开全省品牌建设大会，下发了《山东省人民政府关于加快推进品牌建设的意见》，完成了"十三五"期间全省商标品牌工作的顶层设计，把品牌建设确定为推动供给侧结构性改革的重要抓手，在重大工程和专项行动中要求全面实施商标品牌战略。

河南省认真贯彻落实省政府《关于实施商标战略的意见》（豫政〔2013〕55号），商标事业实现跨越式发展，正在向商标强省迈进，商标发展取得历史性突破，注册商标总量居全国第九位、中部六省第一位；商标品牌影响力显著提升，"双汇""宇通""东方红""瑞贝卡"等一批商标品牌走出国门，享誉海内外。

广东省先后完成《广东省"十三五"品牌发展战略研究报告》《"一带一路"战略中广东海外商标发展的问题与应对》《广东自贸区对标TPP的商标制度创新研究报告》，积极推动建立部省合作建设商标品牌战略强省工作机制，与国家工商总局签署《国家工商行政管理总局 广东省人民政府关于广东建设商标品牌强省战略合作框架协议》。

广西壮族自治区印发《广西壮族自治区关于深入实施商标品牌战略的意见》，成立了广西商标品牌战略实施工作厅际联席会议制度，加强组织领导，强化部门间统筹协调配合，深入实施商标品牌战略，加快"商标品牌强桂"建设。

湖北省研究拟定了全省品牌强省建设工作目标，制发了《关于开展省级现代服务业品牌示范园区建设的通知》《关于在全省开展湖北制造业品牌升级行动的通知》《关于加快推进农产品品牌建设》等文件，全省第一、二、三产业品牌培育工作全面部署启动。

重庆市发布了《2016 年重庆市商标发展报告》，为企业发展和政府决策提供了数据参考，成功争取国家工商总局商标审查协作中心落户重庆，在江北区打造建设"重庆商标品牌云基地"，促进商标服务业聚集化发展，提升商标服务能力。

四川省着眼企业发展品牌需求，突出"商标品牌服务年"主题，紧紧围绕"高起点、重质量、强保护、促开放"的工作思路，着力"六化"（体系化、品牌化、国际化、常态化、便利化、市场化）求突破，推进商标品牌战略实施。

▲ 2016 年 4 月 25 日，四川省工商局与省委宣传部、文化厅联合召开四川文化产业商标品牌建设座谈会。

贵州省制定《2016 年实施商标战略推进计划》《2016 年商标监管工作要点》《贵州省工商局实施商标品牌战略"十三五"规划》《贵州省工商局实施商标品牌战略意见》，促进市场主体进一步增强注册、运用、保护和管理商标的能力，建立起比较完善的商标品牌培育、发展、保护机制。

云南省坚持服务为先、同频共振、依法行政的工作理念，加强商标分类指导、分层推进，加大基础商标发展力度，强化品牌培育，加快推进商标品牌战略实施。编撰了《云南商标战略发展报告（2011-2015）》对商标品牌战略实施工作进行总结与规划。

西藏自治区政府印发了《关于大力实施商标战略的意见》，出台了一系列支持商标品牌发展的政策措施，标志着西藏商标品牌工作迈上了新台阶，注册商标、高知名度商标和地理标志商标由此获得了长足发展。

陕西省服务地方经济发展取得新成效，先后指导汉中和铜川市局召开商标战略推进工作会。对西洽会、丝博会、农高会、陕西自贸区等特定涵义商标注册申请开展行政指导，带动区域经济品牌化发展，为各地开展精准扶贫探索新路子。

▲ 2016年11月5日，在"一带一路"农产品商标品牌建设峰会上，吉尔吉斯共和国商标局和陕西省工商局签订合作备忘录。

甘肃省重点突出商标品牌建设的政策导向，出台了《关于深入实施商标品牌战略的意见》，对全省"十三五"期间商标品牌建设作出了全面规划部署。

新疆维吾尔自治区把实施商标品牌战略作为深化优势资源转换战略、推动经济转型升级重要抓手，采取各种有效措施继续全面深入推进商标战略实施。乌鲁木齐市积极支持鼓励市属企业扩大商品出口，对市属企业在"一带一路"辐射国家注册商标，给予商标注册人一次性5万元奖励。

二、提升商标品牌创造运用能力，促进区域品牌提高竞争实力

全国各级工商和市场监管部门围绕深化供给侧改革，在更大范围更深层次深入推进实施商标品牌战略，大胆改革、积极创新，充分发挥商标品牌对经济发展的促进作用，加强对新兴产业商标品牌培育的研究和指导，加强产业集群和区域品牌建设，运用地理标志商标精准扶贫等，不断提升商标品牌的创造运用能力。

（一）商标品牌培育工作有新成绩

▲ 2016年，山西省工商局开展"冬季行动"，全力帮扶企业注册自主商标。图为对太原经济区进行商标工作帮扶指导。

北京市建立完善商标培育机制，培育与高科技产业、文化创意产业集群等相适应的自主商标品牌群，积极指导企业制定培育计划，有侧重、分步骤地培育，在强化企业内部商标管理、推动企业开展科技与服务创新、提升品牌附加值方面取得成效。

山西省全面推进工商行

政管理系统"冬季行动"各项工作，全力帮扶企业注册自主商标，确保"集中申报一批商标"工作落到实处；指导现代装备制造业、高新技术产业、文化旅游业、现代服务业等产业和行业注册自主商标；鼓励出口型企业进行马德里商标国际注册。

吉林省围绕政府重点任务实施重点帮扶，深入落实"三书五进"商标行政指导工作法和"一所一标"工程，白城市10个乡镇品牌服务站分期开展商标知识培训。长春市对汽车零部件品牌集群进行了重点培育，将引导商标注册的"阵地"前移，积极培育高新技术产业、服务业等领域的商标。

黑龙江省以商标品牌培育为核心，围绕重点产业，加大商标品牌扶持工作力度，优先扶持绿色食品、林业产品等优势支柱产业的商标发展。

福建省做好高知名度商标的培育、扶持工作，重点培育新一代信息技术、生物与新医药等战略性新兴产业以及现代服务业的高知名度商标。漳州市"事前""事中""事后"三管齐下指导企业建立健全商标自我管理制度。厦门市依托红盾网定期发布商标续展监测预警，提醒商标所有人及时办理商标续展手续，避免商标资产流失。

江西省鼓励企业注册自主商标品牌，将资源、产业优势转化为品牌优势，充分发挥商标在集聚要素、整合资源、提升产品附加值和企业自主创新能力方面的作用，提升市场主体和区域经济核心竞争力。

湖北省开展行业品牌精准培育，全面实施制造业品牌升级、农产品品牌转化和服务业品牌示范三项行动，有计划、有步骤地针对全省重点产业、重点行业实施定向培育。

广州市印发了《关于实施商标品牌战略"十三五"发展规划的意见》，推行商标品牌指导站，着力构建"政府推动、行业促进、企业参与、中介服务"的运作模式，初步形成一大批具有全国乃至国际影响力的广州自主品牌，推动"广州产品"向"广州品牌"跃升。

广西壮族自治区提供精细化商标指导和服务，搭建高效畅通的指导帮扶平台，为全区工业园区及园区企业实施商标品牌战略提供一对一的指导和服务。举行了"百色新山铝示范园商标品牌指导服务站"及"桂平市木乐镇服装工业园区指导服务站"挂牌仪式。

海南省抓好商标的引导和培育，提高商标的数量和质量，为企业打造优质品牌注入新鲜活力，进行分类指导，支持企业"走出去"拓展国际市场。

▲ 2016 年 10 月 27 日至 29 日，四川省工商局在中华商标国际品牌节期间举办"川货全国行·昆山站"活动，四川徽记、郫县豆瓣与昆山企业在"四川知名企业知名品牌博览会"签约。

四川省大力拓展和创新商标品牌建设培育的新平台、新模式，中国国际商标品牌节"川货全国行·昆山站"活动成效显著。广安市工商局实施"育牌、创牌、亮牌和护牌"四大工程，扎实开展商标品牌建设，以"个十百千"工程和园区商标战略工作为抓手，开展品牌创建。成都市印发《关于建立健全小微企业品牌服务站工作机制的通知》，建立完善小微企业品牌服务指导、激励提升、营销扶持和运用保护等机制，促进小微企业健康可持续发展。

西藏自治区组织"拉萨净土"区域公用品牌旗下 20 多家企业组团参加中国国际商标品牌节，涉及藏药、藏香、唐卡、天然饮用水、牦牛制品、高原特色农产品等多个行业，规模效应、集聚效应进一步放大。

青海省指导各地扎实开展商标培育工作，制定下发了《2016 年全省商标工作要点》，支持黄南州尖扎县打造文化旅游业知名品牌，圆满完成了青海品牌商品杭州推介会。

（二）商标富农工作有新成效

天津市建立"京津冀地理标志保护公共信息共享服务平台"，将京津冀三地地理标志保护产品和地理标志商标单位（协会）概述、申请注册、登记备案等相关信息予以公示。

▲ 2016 年 5 月 27 日—29 日，由青海省政府主办，青海省工商局承办的"大美青海，特色品牌—青海品牌商品杭州推介会"，在杭州市和平国际会展中心成功举办。推介会上，共组织了 241 家品牌企业参展，参展商品共计 26 个大类，2807 个品种，累计销售商品 1300 种，总金额 650 万元，促成了 128 个项目签约，签约总金额约人民币 66.77 亿元。

河北省确定了全省地理标志商标富农效应分析调研课题，形成了《河北省工商行政管理局关于我省地理标志商标富农效应的分析报告》，在利用大数据助推地方经济发展上有所作为；对阜平县企业进行调研指导，积极帮助贫困地区发展品牌经济。

辽宁省积极指导地理标志商标注册人制定地理标志商标推广应用规划，完善地理标志商标许可使用规范。营口市局召开地理标志商标培育座谈会，对地理标志商标进行特色挖掘，形成品牌梯队。大连市局组织长海市场监管局、渔业协会等赴外省市学习管理经验，推动"长海海参"地理标志商标的规范使用。

吉林省不断深化商标富农工作，制定印发《关于加快推进农产品商标品牌建设的若干意见》，指导全省系统针对区域农业主导产业开展帮扶；组织开展全省农产品地理标志资源普查，为持续推进地理标志商标注册奠定基础。

▲ 2016 年 4 月 26 日，吉林省工商局会同省国土厅、省农委、省质监局、省粮食局在长春召开"矿泉水、人参、大米商标品牌建设发展座谈会"。

江苏省以苏北地区为重点，开展地理标志工作调研，加快地理标志商标注册与保护工作。召开全省地理标志工作经验交流会，大力加强宣传展示，认真总结交流地理标志商标工作经验，进一步提升全省地理标志商标工作水平。

浙江省重点推进"惠农富民行动"，组织开展了关于"丽水山耕"品牌运营情况调研，先后走访丽水、云和等市、县的企业、平台、检测机构等，就"丽水山耕"品牌相关管理、运行、提升等开展专题座谈，指导丽水修改完善《"丽水山耕"品牌建设（2016-2020 年）实施方案》，为下一步出台具体支持工作举措做好准备。

福建省印发了《关于推进地理标志商标工作的若干措施》，重点发挥地理标志商标在"商标富农"工作中的特殊作用。宁德市局运用地理标志商标"精准扶贫"成效显著，厦门市指导发掘地理标志商标。

江西省培育一批在全国有影响力的优质农产品品牌，提高农产品商标占商标有效注册量的比重，有效保护地理标志商标公共资源。

山东省商标富农取得新成效，发动基层深入挖掘当地土特产品历史资源，积极申请地理标志商标注册，全省地理标志商标实现突破性增长，居全国第一位。

广州市重点培育和发展集体商标，提高集体商标的含金量，提升区域品牌的影响力，推动传统产业转型升级；大力发掘农产品资源，指导农村经济组织申请注册地理标志商标，发挥地理标志商标在精准扶贫精准脱贫中的积极作用；加大农产品商标注册和运用的宣传力度，为农业经济品牌化发展奠定良好基础。

海南省大力开展商标富农工作，形成了农业产品"金"字招牌，学习借鉴澄迈县等地商标富农工作经验，大力挖掘各地"名、优、特、新"农产品，指导企业培育农产品和地理标志商标。

四川省以农产品商标和地理标志商标注册为抓手，商标富农工程取得新成效，开展精准扶贫送商标活动，推动贫困地区商标品牌建设和农业发展工作。

贵州省把地理标志的运用和保护作为破解扶贫攻坚战略的重点和难点，向各市州印发了《关于深入开展地理标志服务扶贫攻坚战略调研工作的通知》。

云南省按照《云南省工商局关于加强地理标志商标工作助推高原特色农业发展的指导意见》要求，努力挖掘和梳理地理标志资源，加强沟通协调，积极培育指导。

陕西省起草了《关于加强农产品商标品牌建设的实施意见》，持续指导并扶持各地积极申请地理标志商标，与西北农林科技大学和中华商标协会共同发起成立"一带一路"农产品商标品牌研究院并揭牌。

宁夏回族自治区通过地理标志证明商标助推了地方优势特色产业的壮大发展，促进了全区农业产业化和工业化进程，在经济结构转型升级和企业提质增效方面发挥了重要作用。

▲ 2016 年 8 月 12 日下午，内蒙古自治区鄂尔多斯市工商局在市政府政务服务中心大厅举行国家工商总局商标局注册商标专用权质权登记鄂尔多斯市受理点揭牌启动仪式。

（三）商标权资本化运作有新突破

河北省利用商标专用权质押融资破解企业融资难题，在石家庄市工商局设立注册商标专用权质权登记申请受理点，目前已办理 2 件商标专用权质权登记，为企业融资 1 亿多元。

山西省积极争取政府支

持，商标权质押融资工作稳步推进，运城市工商局被确定为全国首批 25 个设立受理点的单位，累计为 9 家企业办理商标专用权质押融资，参与金融机构 4 家，授信额达 10 亿元左右，实际贷款总额 3.6 亿元和 3500 美元。

辽宁省商标权质权登记工作取得突破，沈阳市工商局成为辽宁省第一批商标权质权登记申请受理点，积极引导银行与企业对接，有效推动了商标专用权质押贷款工作的开展。营口市局通过召开"银企座谈会"，了解企业贷款意愿，并向银行宣传企业情况，以促成银企合作。

▲ 2016 年 8 月 18 日，国家工商总局副局长刘俊臣为沈阳注册商标专用权质权登记申请受理点揭牌。沈阳受理点已为 7 家企业的 47 件注册商标办理了质权登记，授信额度近 9000 万元，盘活企业无形资产作用初步显现。

长春市组织召开"长春市商标权质押、动产抵押、股权质押银企对接座谈会"，鼓励企业把商标等知识产权作为注册资本使用，利用商标附加值提升经济效益。

浙江省深入推进"商标权质押百亿融资行动"，下发《关于进一步深化"商标权质押百亿融资行动"的通知》，2016 年 7 月 1 日，浙江省工商局受理点设立，开始开展商标专用权质押登记申请业务，极大地方便了商标权质押当事人，有效地推进了"商标权质押百亿融资行动"的实施。

▲ 2016 年 8 月 30 日，安徽注册商标专用权质权登记受理点在合肥正式设立。

安徽省将商标权质押贷款作为商标品牌运用的重点，组织工商干部深入企业调研和摸底排查，积极指导和帮助企业加强商标品牌的市场运用，充分挖掘商标品牌的价值，指导和帮助企业办理商标权质押贷款，着力帮助企业解决融资难问题，服务实体经济，服务中小微企业发展。

江西省支持企业将商标与金融手段结合，盘活企业商标这一无形资产，破解融资难题，发挥工商和市场监管部门职能优势，建立"中国驰名商标""江西省著名商标"商标权质押贷款项目库。

重庆市强化商标指导运用，推进商标权质押融资工作，江北区工商局获批成为全国首批注册商标专用权质权登记申请受理点，节省了重庆企业质押登记成本，缓解了企业融资难题。

四川省借助质押受理改革，积极推进商标权质押融资工作，鼓励和支持企业发挥商标品牌价值，解决融资难问题，德阳市成立了全省第一个注册商标专用权质权登记申请受理点，并与一批银行建立了商标权质押合作银行，联合助力企业融资取得初步成效。

云南省 2016 年 6 月在昆明市设立了商标专用权质权登记受理点，指导市场主体运用商标权拓宽融资渠道，为企业商标资本化运作提供便捷服务，提升了企业商标管理运用能力和水平，解决企业发展过程中的融资难题。

甘肃省组织各银行部门召开了商标权质押融资座谈会，向全省系统下发了《关于做好商标权质押贷款宣传指导工作的通知》，为下一步该项业务的开展奠定了基础。

宁夏回族自治区帮助企业利用商标专用权质押取得了 1.2 亿元贷款，填补了商标专用权质押贷款工作的空白。

（四）商标品牌国际化有新进展

江苏省出台了《关于加快商标国际注册工作的意见》，全省各地马德里国际注册工作抓紧推进；在苏州和连云港开展了两期商标国际注册专题培训；苏州、无锡撰写了《市马德里商标国际注册情况分析》的调研报告。

厦门市引导扶持相结合，推动企业进行商标国际注册，举办"韩国知识产权制度及保护策略"专题讲座，助力厦门企业"走出去"。

山东省召开全省商标国际注册与创建自主品牌工作

▲ 2016 年 11 月 16 日，山东省政府召开专题会议，安排部署全省商标国际注册与创建自主品牌工作。

会议，对全省商标国际注册与创建自主品牌工作进行部署，山东省工商局组织对全省马德里商标国际注册情况进行专题调研督导，组织各市报送"十三五"期间马德里商标国际注册工作指标，筛选确定重点培育的目标企业。

四川省加强培训调研，推进商标国际注册工作，在成都举办了商标国际注册与保护培训班，开展国际商标注册保护课题调研，对全省国际商标注册和保护状况开展调查研究。

陕西省做好商标国际注册工作顶层设计，联合省商务厅等九部门联合印发《陕西省关于加强商标国际注册工作的意见》，提出了"十三五"期间商标国际注册工作的指导思想、目标任务和主要措施。

西安市组织驰（著）名商标企业进行商标国际注册知识培训，专题讲授商标国际注册和出口品牌知识产权保护等，强化商标品牌走出去战略。

三、强化商标监管执法，打造品牌发展良好营商环境

全国各级工商和市场监管部门加大商标监管执法力度，以高知名度商标、地理标志、涉外商标为重点，深入开展打击侵权假冒工作，加强商标专用权保护，加强商标执法协作，促进跨区域、跨部门协同监管，创新商标监管工作方式，加强代理机构管理，提高行业水平，努力打造公平有序的商标品牌发展环境。

（一）加大商标保护执法力度

北京市重点打击生产、销售、仓储、运输过程中侵犯知识产权和制售假冒伪劣商品的行为，对制售侵权假冒商品的窝点和源头进一步加大了打击力度；开展了查处假冒牛栏山白酒和侵犯西湖龙井地理标志证明商标专用权、保护迪士尼注册商标专用权等专项执法行动；积极指导企业细化管理，加强终端控制，进一步加强品牌保护工作，有效遏制了市场内公开销售假冒知名品牌的违法行为。

辽宁省明确以商标专用权保护、网络交易监管、红盾护农、不正当竞争行为问题整治、流通领域商品质量监管、广告日常监管为全年"双打"工作重点任务，落实了责任分工，提出了具体工作要求，下达了考核指标。

上海市以商标专用权保护为重点，深入推进打击侵犯知识产权和制售假冒伪劣商品工作，静安区市场监管局坚持对七浦路市场群的日常巡查监管，始终保持高压打击态势，严打侵权假冒行为。

▲ 2016年7月8日，哈尔滨市市场监督管理局召开打击假冒伪劣商品和发挥品牌引领作用会议。

江苏省召开行政处罚案件信息公开电视电话会议，将执法监管工作列入全省区域商标品牌发展指数考核项目，依托省局一中心一平台，通过召开商标条线工作会议、举行企业品牌管理人员座谈等方式，听取各地商标违法案件线索汇报，构建商标大要案件案源发现机制。

宁波市施行"议题管理"开展打假维权工作，制定出台《关于运用"议题管理"模式开展商标监管工作的通知》，根据各地块状经济、流通领域商品经销特点，拟定细化方案，有效组织执法行动。

河南省认真履行商标监管执法职责，结合企业和群众举报情况，加大对商标侵权行为的打击力度，先后针对"莲花""南街村""好想你""王守义""金龙鱼""口福""达芙妮"等品牌开展打击商标侵权专项行动，有力保护了商标专用权。

湖北省加大对侵权行为的打击力度，潜江市工商局查处侵犯 Lee 及 Levi's 商标专用权案入选全国工商和市场监管部门 2015 年度商标侵权典型案例；全面推行订单式打假工作，在全系统部署开展订单式打假工作。

湖南省印发《2016 年全省工商与市场监管部门打击侵犯知识产权和制售假冒伪劣商品工作要点》，组织开展保护家居（家具）用品商标专用权、打击侵犯知名槟榔商标专用权的专项行动。

广州市强化商标权保护，围绕"食品、民生、高危、重害"等重点领域，制定了全市工商系统打击侵犯知识产权和假冒伪劣工作实施方案，深入开展"双打"工作；先后组织了中国制造海外形象维护"清风"行动、农村和城乡结合部市场专项整治、迪士尼商标权保护、地理标志商标保护、红盾网剑等八大专项整治行动。

海南省制定了《2016 年打击侵犯商标专用权和制售伪劣商品工作要点》，切实开展了保护迪士尼注册商标专用权、查处涉嫌侵犯"宗申"注册商标电动三轮车等两项专项行动。

成都市加大商标监管力度，深入开展"红盾春雷""加强互联网领域侵权假冒行为治理"等专项执法行动，营造良好的市场环境。

贵州省推动打击"傍名牌"专项行动向纵深发展；开展打击假冒名优酒违法行为整治工作；加大展会、交易会等活动中的知识产权保护力度，开展贵州制造海外形象维护"清风"专项行动。

云南省下发了《关于联合开展打击"黑心棉"及劣质床上用品违法犯罪行为专项行动的通知》，对 2016 年—2018 年的整治"黑心棉"专项行动进行了部署。

▲ 南京市江宁区市场监管局高度重视商标专用权等知识产权保护，加大大型商业综合体行政指导和监督检查力度。图为执法人员在砂之船奥特莱斯对商品商标使用、标识标牌等进行检查。

陕西省安排部署了保护"迪士尼""延长石油""庆丰包子""白水杜康""西凤酒"和"梁家河"等商标专用权专项整治行动，有效保护了商标专用权，助推本地知名品牌企业做大做强。

青海省印发了《2016 年青海省工商系统打击侵犯知识产权和制售假冒伪劣商品工作要点》，组织开展了保护地理标志商标专用权专项行动、开展打击假冒伪劣日用品专项行动和商标代理市场专项整治行动等一系列打击侵权假冒、保护知识产权专项行动。

宁夏回族自治区认真办理"关于着力打造宁夏清真品牌"的提案和依法查处擅打"清真"违法行为的提案；开展地理标志证明商标保护，做好"中宁枸杞"等商标品牌保护工作，开展商标代理市场专项整治，构建透明高效的信用监管和事中事后监管机制。

新疆维吾尔自治区下发了《关于印发〈2016 年全疆工商系统打击侵犯知识产权和制售假冒伪劣商品工作要点〉的通知》，南极星防冻液商标侵权案入选自治区十大侵犯知识产权典型案件。查处一起跨国销售侵犯"РУБИН""ОРЁЛ""СОКОЛ"注册商标专用权水泵案。

（二）加强商标监管执法协作

北京市、天津市、河北省为推动商标保护区域合作，进一步提升打击商标侵权假冒违法行为工作效能，强化京津冀区域执法协作，建立健全合作机制，共同签署了《京津冀商标保护区域合作备忘录》，达成建立区域联络机制、加强执法联动配合等十项主要内容。

北京市积极开展京津冀跨区域执法协作，房山区已全面启动"房涿涞"地区商标联合监管协作机制，延庆区等多地分局也建立了执法相关合作机制，实现了案件线索移送、相关信息通报、跨区域执法等协作内容。

上海市进一步完善落实商标长效保护机制，强化了区域合作、政企协作和两法衔接。2016 年，上海、浙江、江苏、安徽和江西四省一市统一部署了长三角打击互联网领域侵权假冒行为专项行动（代号"2016—长三角云剑"行动），加强与相关网络经营平台企业的协作，进一步净化长三角区域网络市场环境，有效遏制互联网制假售假产业链条。

江苏省编纂了《商标典型案例汇编》，充分运用华东六省一市、长三角、淮海经济协作区等商标监管协作网络，通过异地举报受理、协同办案、定期沟通侵权动态等，不断强化商标执法监管协作。南京市以信用监管和大数据监管为抓手，采取随机抽查、专项检查和重点检查相结合的方式加强商标监管工作。

福建省充分发挥《福建省商标印制管理工作规范》、"互联网商务监测中心"等长效监管机制，从源头上规范商标印制行为和商标印制管理工作。厦门思明区工商局对辖区企业采取"一企一策"量身定制的监管模式，有效掌握企业的商标注册、管理、运用情况。

江西省通过商标行政保护区域合作机制消除行政壁垒，在利用泛珠三角区域商标保护协作网，帮助江西井竹实业有限公司实施驰名商标"井竹"跨省跨类别维权；对"江中"等高知名度商标进行互联网深度搜索并加强保护。

广东省制定下发《广东省工商行政管理局关于 2016 年开展打击侵权假冒工作的通知》，开展区域商标执法协作与商标品牌合作交流；认真落实粤港、粤澳合作框架协议，完成年度工作任务和粤港保护知识产权合作专责小组合作项目。

甘肃省完善商标举报投诉处理机制，强化了部门协作，先后和省打假办、省公安厅、省知识产权局等部门配合开展联合执法行动，有效震慑了商标侵权和制售假冒伪劣商品违法活动。

新疆维吾尔自治区加大与内地的协作办案力度，从源头上及时制止商标侵权行为；与自治区高级人民法院签署了《加强合作 共建打击商标侵权行为协调机制的备忘录》，发挥两部门联合执法优势，共同打击商标侵权行为。

（三）创新商标监管方式

北京市建设北京市商标监管服务数据内外网，内网规范商标监管工作，外网提供社会指导服务；通过"北京市企业信用信息网"依法公开侵犯知识产权和制售假冒伪劣商品行政处罚案件信息。

天津市开通"商标管理系统"平台，建立委－区局－市场监管所三级平台互联互通，为实现商标监管数据的全面采集、数据统计、汇总分析等开辟了新的网络管理思路与方式。

哈尔滨市推进建立企业诚信体系建设，将市场主体侵权假冒等违法行为及时纳入市场主体信用记录，实现"一处违法，处处受限"。

上海市率先完成商标信息记于企业名下的工作，完成上海商标发展报告的模块设计，进一步提升商标数据统计分析和服务上海经济发展的能力；依托企业信用信息公示系统，开展商标案件行政处罚信息公示工作，完善企业信用惩戒机制；按照"谁办案、谁录入、谁负责"的原则，逐级推进商标案件行政处罚信息公示工作。

江苏省围绕"主体＋"的总体部署，将商标数据与市场主体数据进行有效关联，并在《江苏省商标知识产权发展与保护状况》白皮书中进行发布。

安徽省开展了全省企业商标注册信息归集到国家企业信用信息公示系统（安徽）工作，依法公开了全省工商和市场监管系统"双打"行政处罚案件信息。

福建省依托"福建省工商系统市场主体信用信息公示平台"，与全国企业信用信息公示系统互联互通，将"一处违法，处处受限"落到实处，褒扬诚信经营，惩戒失信行为。

广州市建立完善了重点案件挂牌督办制、典型案件曝光制和侵权假冒案件公示制等长效监管机制，打防结合，有力维护商标权利人和广大消费者的合法权益，维护公平法治的市场秩序。

湖北省开发完成了全省工商综合监管决策支持系统商标数据库，实现了商标基础查询、名标展示等主要功能，提升了商标品牌培育和保护的精准度，为相关经济分析和决策提供可靠的信息支撑。

新疆维吾尔自治区进一步完善商标及"双打"案件信息统计报送工作，全面开展涉疆民族商标的监测工作。

四、重视商标宣传培训，营造品牌发展的良好氛围

全国工商和市场监管部门重视宣传引导和培训教育工作，充分利用各种平台，采用多种方式，以"4·26知识产权周"等为契机，大力宣传实施商标品牌战略、商标注册便利化改革、保护商标专用权、商标法律法规等内容；大力开展商标培训工作，培训商标相关业务知识，交流工作经验；不仅形成了助力品牌成长的宣传舆论导向，更进一步提升了商标主体和商标工作人员保护运用商标品牌的管理能力，形成合力为品牌发展创造良好氛围。

（一）宣传渠道多样内容丰富成效显著

北京市加大"双打"工作宣传公开力度，不断加大查处侵权假冒典型案件的宣传和曝光力度，逐步形成尊重知识产权和品牌声誉的良好氛围，为商标品牌建设营造公平公正的市场环境。

天津市围绕"加强知识产权保护运用，加快建设知识产权强市"主题，在全市范围内开展了内容丰富、形式多样的宣传活动，与和平区人民法院知识产权厅联合组织企业代表参加法院审理的商标使用纠纷案件。

▲ 2016年4月26日，河北省工商部门现场解答群众咨询。

河北省加强培训宣传，对全省商标战略实施情况进行报道。"4·26"世界知识产权日，全省共开展活动100多场，参加群众近万人，邢台开设驰（著）名商标企业展厅，接受省市领导300余人次的参观。

山西省制定下发《关于开展2016年全国知识产权宣传周活动的通知》，组织知识产权知识进校园活动，公布五大商标侵权假冒案件，震慑了不法分子。

吉林省以纪念"4·26"世界知识产权日为契机，组织全省系统广泛开展以商标宣传"五进"（进企业、进商场集市、进机关、进高校、进社区）活动为重点的商标知识产权宣传周活动，多层次、多角度地宣传普及商标法律知识工作。

上海市工商局向社会公布了上海工商部门 2015 年查处的十件商标侵权假冒典型案件，上海市工商局检查总队查处的深圳市维也纳国际酒店管理有限公司侵犯"迪士尼"注册商标专用权案还入选"2015 年上海知识产权十大典型案件"。

江苏省举行全省驰（著）名商标企业和互联网广告企业营销对接会，为全省知名品牌企业运用新媒体开展品牌宣传搭建平台；开设江苏品牌大讲堂、《商标故事》宣传专栏，开展了第二届我最喜爱的江苏商标评选活动；举办"媒企面对面 江苏商标星耀中国 – 全国主流媒体矩阵聚焦江苏名企"座谈会。

福建省加大宣传商标品牌战略，宁德市工商局开展首届"地标闽东"摄影大赛，全面宣传展示闽东地理标志商标及其对经济社会发展的推动作用。

山东省商标法规知识宣传培训广泛深入，组织开展青岛、东营经验的"挖掘式"宣传，组织开展全省商标品牌知识巡回宣讲活动，分赴全省 17 市宣讲全省品牌建设大会精神、商标法律法规知识，交流企业商标品牌建设经验。

湖北省积极主动宣传品牌强省建设工作成效和商标法律法规知识，在《湖北日报》策划编发地理标志专版，编发"湖北农产品商标观察"和先进制造业等组稿，引起各界广泛关注。

广西壮族自治区建立广西商标网络展示平台，通过网络交流平台，整合商标资源，展示广西商标工作整体形象的窗口。

海南省着力开展全方位、多层次的商标宣传培训活动，

▲ 2016 年 4 月 26 日，广东省工商局、广州市工商局、广州市政务办联合广东慧道知识产权事务所有限公司、广州华进联合专利商标代理有限公司,在广州市政务服务中心开展以"加强知识产权保护运用 加快知识产权强国建设"为主题的商标注册、运用与保护咨询活动。

组织全系统以"3·15"国际消费者权益日、"4·26"知识产权宣传周为契机，利用多种媒体进行宣传并发放新《商标法》《商标法理解与适用》各类宣传资料。

▲ 2016 年 4 月 20 日，云南省政府新闻办举办云南省知识产权宣传周新闻发布会暨启动仪式，拉开 2016 年云南省知识产权宣传周活动序幕，集中展示商标工作取得的成就和开展打击侵犯知识产权和制售假冒伪劣商品专项行动取得的成果。

甘肃省先后在《每日甘肃网》、省广播电台开播了"甘肃商标品牌战略"专栏，集中宣传商标品牌战略，配合《品牌之路》宣传片，营造良好商标品牌建设氛围。

青海省组织开展了"商标提升价值、品牌驱动发展"宣传活动。结合杭州推介会，指导全省系统开展了以"商标提升价值、品牌驱动发展"为主题的系列宣传月活动。

（二）培训方式多种内容精彩效果显著

河北省组织了商标侵权案件研讨会、商标法律知识培训，石家庄市工商局组织"送商标服务进企业、进基层"巡回培训，唐山市工商局开展了商标国际注册培训。

山西省为提升全省商标监管干部的业务水平和执法能力，在上海交通大学举办了全省工商和市场监管干部综合素质提升培训班，全省共有 170 名商标监管人员参加了培训。

上海市开展全员专业培训，组织开展全市工商（市场监管）系统商标广告业务专项培训；举办韩国知名品牌真假鉴别说明培训会，召开法国香槟和波尔多葡萄酒真伪商标商品鉴别会。

江苏省开展了 4 期培训，共培训企业品牌管理人员 500 人。分别在苏州和连云港开

▲ 2016 年 10 月 18 日至 19 日，内蒙古自治区涉农涉牧商标与地理标志证明商标规范使用推进会暨地理标志商标专题培训班在乌兰察布市举办。各盟市局及地理标志商标代表交流了地理标志商标注册、使用和保护情况。讨论了《内蒙古自治区工商局地理标志证明商标应用行政指导规范》，部署了保护"丰镇月饼"地理标志证明商标专用权专项行动。

展了两期商标国际注册专题培训，邀请世界知识产权组织中国办事处专家授课，参训出口企业达 400 家。

福建省分批分次派员参加各项培训，并举办以各市、县（区）商标监管人员为主要对象、参训人员达百余人的培训班，内容包括地理标志商标工作、商标注册便利化改革、商标法律法规实务等，取得了预期的学习效果。

▲ 2016 年 7 月 16 日，上海市工商局商标广告条线业务骨干培训班在国家工商总局行政学院开班。

山东省派员为"全省国际自主品牌建设专题培训班"进行了"加强商标国际注册，促进自主品牌发展"的知识培训，参加人数 300 多人。派员为亚非援外班进行了"商标与商标法律制度"的知识培训，参加人数 30 多人。

河南省举办全省深入实施商标品牌战略专题培训班，培训对象为省内部分具有较高知名度和影响力的商标品牌企业，部分进入当地驰名商标和地理标志（河南省）后备库的企业负责人，共计 200 余人。

湖北省部署市州工商局制定了"四书五进"工作工商所长和业务骨干三年轮训计划，夯实基层商标工作基础。与商标协会联合举办了商标国际注册视频培训班，共计 2000 余人参加培训。

广东省举办了 2016 年全省工商系统商标业务培训班、地理标志商标专题培训班、商标执法保护业务培训班、商标战略培训班，培训全省 450 位商标管理及经检业务骨干；举办商标业务培训班。

云南省举办全省商标业务培训班，就商标的注册、

▲ 甘肃举办全省工商系统商标执法办案专题讲座。

管理、使用、保护与品牌创建，商标行政执法，商标品牌创建保护经验和商标权利纠纷案例等内容进行了讲授和交流。各州市工商系统也分级分类开展了商标业务培训。

西安市开办农产品及地理标志商标申请注册培训班，指导农民专业合作社、企业和农村专业户注册农产品商标和地理标志商标。

甘肃省组织了全省工商系统商标监管业务培训班，全省国际注册商标培训班，指导各地分别组织了工商执法人员和各类市场主体商标培训班共 200 多期。

宁夏回族自治区不断加大对新《商标法》的培训力度，强化商标监管人员业务培训，共举办 6 期商标知识及监管技能培训班，2270 人次参加培训学习。

第十章　国际注册与海外维权

2016 年，商标局有序开展马德里商标国际注册各项工作，积极推进商标国际注册便利化改革，进一步提升商标国际注册服务水平，为商标品牌国际化发展提供有力支撑。

一、履职尽责，扎实做好商标国际注册工作

根据世界知识产权组织国际局统计，2016 年，我国申请人提交马德里商标国际注册申请 3014 件（一件商标到多个国家申请），同比增长 29.8%，在马德里联盟中排名第五位，累计有效注册量达 22270 件。年度申请量首次超过 3000 件，排名较去年提升一位，首次进入前五位。国外申请人指定我国的马德里商标申请量为 21238 件，继续居马德里联盟第一位，累计有效注册申请量达 23.6 万件。审查领土延伸至我国的申请 18279 件。办理国际变更 7976 件、删减 641 件、转让 5601 件、部分转让 209 件、更正 1757 件、注销 2550 件、部分注销 4017 件、续展 9463 件、放弃 209 件、合并 66 件、国际注册转国内申请 76 件，共计 32565 件。审查国内企业的国际变更、续展等后续业务 987 件。完成国际商标异议答辩发文 234 件，案件裁文和结案 282 件。

二、挖潜增效，认真落实便利化改革措施

2016 年，商标局切实按照国家工商总局党组工作部署，深挖潜力，提升效能，积极推进商标国际注册便利化改革，为申请人提供更加便捷的服务。一是深化审查审理体制机制改革，在国内企业申请国际注册业务、领土延伸申请实审业务、国际后续业务、异议裁定业务和商评委裁文翻译通知业务上均实现了独任审查。二是简化部分商标国际注册申请材料，清理部分商标书式，规范异议案件卷宗管理制度，优化申请流程，缩短审查周期。三是稳步推进马德里电子通讯，2016 年 11 月 1 日开始通过电子通讯系统向世界知识产权组织国际局发送领土延伸申请的驳回通知，

领土延伸申请实审业务全面实现电子收发文。

三、以点带面，大力开展宣传和培训工作

2016 年，商标局继续加强马德里商标国际注册宣传和培训，中国申请人的品牌国际化意识和能力进一步增强。一是不断完善中国商标网"国际注册"栏目，及时更新马德里联盟成员、规费等内容，加大网上宣传力度。二是通过《中国工商报》《工商行政管理》（半月刊）等报纸发表多篇文章，增进社会大众对马德里体系的了解。三是派员赴山东、湖南、黑龙江、安徽和云南等全国多地，组织多场马德里商标国际注册培训，讲授马德里商标国际注册知识，帮助申请

▲ 2016 年 11 月 29 日，由国家工商总局商标局主办、安徽省工商局承办的"马德里商标国际注册发展研讨会"在安徽省合肥市召开。

人解决在国际注册中遇到的具体问题。

四、协调联动，持续加大国内外交流与合作

2016 年，商标局继续加强国内部门协作和国际交流合作，提高马德里体系的运用水平，共同推动商标品牌国际化。

5 月，商标局与北京知识产权法院就商标国际注册相关问题开展交流，更好地服务于涉及商标国际注册的授权确权行政案件审理。

9 月，商标局派员参与了"非洲法语国家知识产权保护研修班"的教学、翻译工作，密切和深化了中非双方在知识产权保护领域的合作关系。

10 月，国家工商总局在江苏昆山主办商标五方会谈年会，国家工商总局副局长刘俊臣出席并致辞。在同期举办的 2016 中国国际商标品牌节马德里商标国际注册圆桌会议上，商标局代表介绍了马德里体系在中国的最新发展，并就申请人关心的问题做了详细解答。

11 月，国家工商总局和世界知识产权组织在山东青岛联合举办商标品牌和马德

▲ 2016 年 11 月 15 日，由世界知识产权组织和国家工商总局联合主办的商标品牌和马德里国际商标体系成立 125 周年纪念活动在山东青岛举行。国家工商总局副局长刘玉亭出席并发表主旨演讲。

里国际商标体系成立 125 周年纪念活动，宣讲马德里体系在支持品牌国际化发展和推动经济发展中的作用。世界知识产权组织总干事弗朗西斯·高锐发来祝贺视频，国家工商总局局长张茅发来贺信。国家工商总局副局长刘玉亭和世界知识产权组织副总干事王彬颖出席并作主旨演讲。

五、积极发声，提升商标领域国际影响力

2016 年，商标局主动参与商标领域国际规则制定，提高我国商标领域的制度性话语权和影响力，为中国品牌"走出去"构建更加便捷的国际营商环境。派员参加了世界知识产权组织国际局马德里体系法律发展工作小组会议、马德里体系地区会议和国际商标协会（INTA）年会等国际会议，积极参与马德里体系发展前景的规划。积极推动商标局人员到世界知识产权组织任职和从事短期审查、翻译工作，加强与世界知识产权组织的合作与交流，培养、储备国际型的商标管理人才，为中国商标权利人争取更多的合法权益。

六、合作交流，加大国内企业海外维权力度

商标局积极开展与各国商标主管机关及驻华使馆的合作与交流，帮助国内企业在海外积极维护商标权益。为提高企业竞争力，在海外扩大影响，创立国际知名度高的品牌，商标局进一步完善商标海外维权相关机制，加大对企业海外维权支持力度。2016 年，帮助中国企业解决在欧盟、伊朗等的维权案件，相关案件正在积极处理中。

第十一章　国际及港澳台交流与合作

2016 年，国家工商总局开展了一系列商标领域多边及双边交流合作活动，取得了重要成绩，为树立我国保护知识产权良好形象，积极宣传我国商标改革工作成效发挥了重要作用。

一、积极开展多边领域的交流与合作

（一）与世界知识产权组织（WIPO）的交流与合作。2016 年，商标局加强与世界知识产权组织合作，参与组织马德里体系成立 125 周年纪念大会；积极做好 2017年世界地理标志大会和 2017 年中国商标金奖的筹备工作。派员参加了《马德里议定书》适港问题与 WIPO 磋商会谈、第 26 次商标注册商品与服务国际分类尼斯联盟专家委员会、制定里斯本协定日内瓦文本共同实施细则工作组第 1 次会议、第 56 届成员国大会、商标国际注册马德里体系法律发展工作组第 14 次会议、商标外观设计与地理标志法律常设委员会第 36 次会议等共计 7 次重要会议。派员赴 WIPO 担任审查员、短期翻译，积极学习国际组织先进审查及实践经验，提高局内人员业务水平。

2016 年 6 月 28 日，世界知识产权组织副总干事王彬颖女士一行来商标局参观访问。双方就商标局近年来的工作，尤其是马德里国际注册工作和商标审查体制改革工作交换了意见，并就双方共同关注的数据库合作、图

▲ 2016 年 6 月 28 日，世界知识产权组织副总干事王彬颖女士一行来商标局参观访问。

形要素检索等问题和双方将共同筹办的 2017 年世界地理标志大会等重要项目进行了讨论。

（二）区域全面经济伙伴关系（RCEP）谈判。 2016 年，商标局继续派员参加了区域全面经济伙伴关系（RCEP）第十二轮、第十五轮及第十六轮谈判知识产权工作组的会议，积极推进该协议下知识产权章节的谈判工作。

（三）商标五方会谈（TM5）。 2016 年，在商标五方会谈（TM5）机制下，商标局继续深化同欧、美、日、韩等主要地区或国家商标主管部门的合作，积极参与该合作机制下各项目的工作，取得了良好效果及各方积极反响。10 月 28 日，2016 年商标五方会谈年会在江苏昆山召开，国家工商总局副局长刘俊臣出席并致辞。商标局积极参与五方会谈框架下通过提供丰富信息为马德里议定书申请人提供便利和国际注册商标审查结果比较分析等项目的合作，年会的各项组织工作得到其他四方参会代表的一致认可。

▲ 2016 年 10 月 29 日上午，2016 年商标五方会谈年会"有效遏制恶意商标注册"专题研讨会在江苏省昆山国际会展中心接待大厅举行，商标局副巡视员吴群主持会议。来自中国、美国、欧盟、日本、韩国的商标主管部门的相关负责人，以及来自国内的知名专家学者、商标代理人及企业相关负责人出席此次研讨会并进行了精彩发言。

二、积极开展双边领域的交流与合作

（一）中美交流与合作。 2016 年 7 月 27 日至 28 日，国家工商总局与美国专利商标局在四川省共同举办了中美地理标志保护巡回研讨会，就中美地理标志保护制度和法律政策、相关地理标志产品保护实践等议题进行了探讨。来自美国专利商标局的专家，国家工商总局、四川省工商局以及行业协会、地理标志产品企业的代表等参加了研讨会。

2016 年 12 月，商标局派员赴美国参加了中美商标研讨会，商标局相关人员先后会见了美国知识产权法律协会、美国乳品协会，美国施华洛世奇公司、德克斯公司、高途乐公司、玛氏公司等协会及企业代表，就相关商标议题交换了意见。

（二）中欧交流与合作。2016 年 6 月，国家工商总局与欧盟知识产权局在中欧知识产权 IP Key 项目下共同举办了"中欧商标恶意注册和地理标志研讨会"。中欧双方就打击恶意注册申请、举证责任和证据收集手段，欧盟地理标志的认证程序、使用、监管和保护等内容进行了充分交流。

2016 年 7 月，商标局副局长林军强与欧盟驻华使团贸易处公使衔参赞罗本诺先生（Mr. Benoit Lory）、知识产权专员吉莫奈先生 (Mr. Christophe Gimenez) 就推进商标检索项目进行了会谈。双方就加快协调推进该项目可行性研究等事宜进行了讨论。

2016 年 12 月，国家工商总局副局长刘俊臣出访英国和意大利，分别与英方、意方举行高层会谈；参加了英国政府在伦敦举办的"英中商标高峰论坛"并致辞；与苏格兰威士忌协会就原产地名称保护等问题举行座谈和调研。商标局党委书记、副局长（正司级）崔守东陪同出访。

（三）中法交流与合作。2016 年 9 月 21 日，商标局副局长陈文彤会见了法国工业产权局局长伊夫·拉皮埃尔先生（Mr. Yves LAPIERRE），双方召开了第 23 次中法商标工作组会议，就商标工作最新进展、双方共同关注的有关问题和下一步合作计划进行了交流。

▲ 2016 年 9 月 21 日下午，第二十三次中法商标工作组会议在工商总局商标局召开。法国工业产权局局长伊夫·拉皮埃尔和商标局副局长陈文彤共同主持会议。

2016 年，法国波尔多葡萄酒协会、保乐力加集团、拉科斯特股份有限公司、法国索地雅乳业商贸有限公司、法国伊夫·黎雪公司就相关商标案件与国家工商总局进行了交流。

（四）与其他国家和组织的交流与合作。2016 年 1 月 13 日，国家工商总局副局长刘俊臣会见了国际商标协会首席执行官艾迪埃纳·桑斯·德·阿塞多先生（Mr. Etienne Sanz de Acedo），双方就商标品牌工作等议题进行了交流。商标局副局长吕志华参加了会见。

2016 年 3 月 1 日，商标局局长许瑞表礼节性会见了丹麦专利商标局局长康叶波先生（Mr. Jesper Kongstad）。随后双方召开了商标圆桌会议，商标局副巡视员吴群主持了圆桌会议，双方就中欧法律体系最新进展、商标行政保护、中丹两局合作事宜及丹方企业相关商标案件进行了交流。

2016 年 6 月 21 日，国家工商总局副局长刘俊臣会见了韩国特许厅厅长崔东圭先生（Mr. Choi Donggyou），双方就商标工作最新进展、相关信息交换、双边合作及人员交流进行了磋商。商标局副局长（正司级）崔守东参加了会见。

2016 年 8 月 15 日，国家工商总局副局长刘俊臣会见了英国能源、知识产权国务大臣娜薇尔·露芙女男爵（Baroness Neville-Rolfe），双方交流了中英知识产权体系发展近况并探讨了未来合作方向。商标局副局长（正司级）崔守东参加了会见。

2016 年 9 月 20 日，国家工商总局副局长刘俊臣会见了国际商标协会首席执行官艾迪埃纳·桑斯·阿塞多（Mr. Eienne Sanz de Acedo）一行，商标局副局长（正司级）崔守东参加了会见。双方回顾了双边交流与合作情况，并就审查质量控制、异议质量控制、声音商标的申请注册等具体议题进行了深入沟通。

在合作谅解备忘录框架下，国家工商总局与英国、意大利、俄罗斯、芬兰、韩国、丹麦、加拿大、南非、智利等驻华使馆不断加强联系，接待了国际商标协会、非洲英语国家知识产权组织、英国威塔德贸易有限公司、英国 BP 公司、澳大利亚邦德大学、阿联酋超全公司、以色列 Laline 公司的来访，参加了中欧地理标志协定、中国和欧亚联盟经贸合作协议等多项国际谈判，研究相关条款，多次提供表态口径和背景材料，积极维护我国权益。

三、积极开展与港、澳、台地区的交流与合作

2016 年 5 月，商标局派员参加《海峡两岸知识产权保护合作协议》商标工作组年度计划下商标审查员赴台学习交流。

根据 2010 年 11 月国家工商总局发布的《台湾地区商标注册申请人要求优先权有关事项的规定》及相关书式要求，2016 年，商标局共受理台湾地区优先权申请 69 件，累计受理台湾地区优先权申请 353 件，保障了台湾地区商标注册人的优先权权益。

《海峡两岸知识产权保护合作协议》生效以来，两岸通过协处机制妥善处理了一些案件。自 2015 年 5 月，我局与台方一起形成了新的通报机制，每月更新反馈台方

发来协处案件追踪表的相关情况。截至 2016 年年底，商标局共处理台方请求协处案件 257 件（按申请号），涉及 63 位申请人商标，包括"摩卡""诗丹雅兰""吉园圃""1028""猫里红""昇恒昌""心之芳庭""薰衣草森林"等案件，涉及商标审查、异议、转让、撤销三年不使用等程序。

第十二章　商标宣传

2016 年，全国各级工商和市场监管部门以商标注册便利化改革、深入推进商标品牌战略、商标行政保护等工作为重点，加大宣传力度，创新宣传方式，拓宽宣传渠道，总结了好经验，宣传了好做法，市场主体的商标创造、运用、保护意识进一步增强，在全社会营造出尊重知识产权的良好氛围。

一、积极开展"4·26 全国知识产权宣传周"系列活动

2016 年知识产权宣传周的主题是"加强知识产权保护运用　加快知识产权强国建设"，国家工商总局作为成员单位，提前谋划，精心准备，紧密围绕主题，积极组织开展各项宣传周活动，宣传内容扎实、亮点突出，成效显著。

4 月 19 日，国家工商总局副局长刘俊臣出席了国务院新闻办公室召开的 2015 年中国知识产权发展状况新闻发布会。刘俊臣在会上介绍了我国商标品牌战略实施、商标事业发展现状、打击侵权假冒工作等情况，并在回答提问时介绍了国家工商总局在着力推动我国由商标品牌大国向商标品牌强国转变方面采取的具体举措。同日，由国家工商总局组织编写的《中国商标战略年度发展报告（2015）》（中英文版）正式向社会发布，并向相关国家部委、地市级以上人民政府、全国县级以上工商和市场监管部门赠阅，广泛宣传了我国商标事业取得的新成绩。

▲ 2016 年 4 月 19 日，国务院新闻办公室召开 2015 年中国知识产权发展状况新闻发布会。

以"4·26知识产权宣传周"为契机，各地工商和市场监管部门依托报刊、电视、户外牌匾、LED显示屏等媒体，组织开展丰富多彩的宣传活动，大力宣传商标品牌战略实施的丰硕成果和商标品牌知识。北京、天津、云南、青海、内蒙古、黑龙江等地召开了知识产权保护状况新闻发布会，江苏、辽宁、广西、重庆、四川等地依托大数据，以发布商标年鉴、商标发展报告、商标保护状况白皮书、商标指数报告等形式宣传各地商标工作的新进展、新动态。北京、江苏、四川等地以发布典型案例、举办成果展等多种形式增强全社会的商标保护意识。各地还创新运用网络、

微博、微信公众号新媒体手段拓展宣传渠道，加大宣传力度。北京市工商局下属各分局、天津市市场监管委员会、郑州市工商局等单位利用微博及时发布"4·26"期间的活动，内蒙古自治区工商局通过网络媒体发布信息1126条。南京市工商局精心筹划了"南京品牌，我的骄傲"商标品牌嘉年华系列活动，借助地铁现代交通平台，

▲ 2016年"4·26知识产权宣传周"期间，山东省淄博市临淄区工商局与区知识产权局、区文化出版局联合开展"知识产权宣传周"活动。图为该局干部向群众发放宣传材料。

发挥网络新媒体作用，形成了地铁主题站点、户外大屏展示、传统媒体与新媒体同步、政府部门与企业统一的全方位、立体式宣传的全新模式。南京工商官方微博还开展了与南京品牌玩自拍活动，宣传商标品牌知识，点击量达6000余次，参与者达1万多人。

二、重点宣传商标注册便利化改革动态

2016年7月14日，《工商总局关于大力推进商标注册便利化改革的意见》（以下简称《意见》）作为商标注册便利化改革的纲领性文件正式出台。为使业界和社会公众对改革的目的、举措、目标等有更加全面深入的了解，《意见》出台前后，商标局统筹部署，加大宣传力度，传递改革最新动态，展示改革成就，为改革不断深入总结经验、汲取营养、探索方向。2016年7月26日，国家工商总局在中国商

标大楼召开新闻发布会，来自新华社、中国人民广播电台、中央电视台、《工人日报》《中国知识产权报》《中国工商报》《工商行政管理》（半月刊）等10余家媒体的记者参加了发布会。发布会的举办传递了改革最强音，为改革的深入推进创造了良好的舆论氛围。

同时，充分发挥中国商标网无形窗口的作用，丰富网上信息发布内容，将网络、

▲ 2016年7月26日，《工商总局关于大力推进商标注册便利化改革的意见》新闻发布会在中国商标大楼召开，国家工商总局宣传中心主任黄建成主持发布会，商标局副局长（正司级）崔守东向媒体介绍了《意见》出台的背景、主要亮点，商标局的举措以及工作计划等，时任质管处处长程萌现场回答了记者的提问。

新媒体宣传与传统媒体宣传相结合，在中国商标网、《中国工商报》、《工商行政管理》（半月刊）和《中华商标》杂志等媒体上及时发布商标注册便利化改革的新举措、新动态，传递改革正能量。

为大力推进商标注册便利化改革，进一步增强全社会的商标意识，提高商标注册申请质量，方便申请人申请注册商标，更好维护商标注册人权益，帮助申请人了解商标工作基本流程，商标局绘制了卡通版《商标申请注册指南》，免费向社会公众赠阅。

三、大力宣传打击侵权假冒工作成绩

2016年，国家工商总局围绕打击"双打"工作重点及工商和市场监管部门的主要职能，通过网络访谈、宣讲、报刊、新媒体等多种形式，发布商标专用权保护典型案例，大力宣传"双打"工作取得成绩以及工商和市场监管部门在打击侵权假冒方面采取的举措。

商标局与中国工商报社联合举办了"2015年工商、市场监管部门查处商标侵权典型案例"推荐及评选发布活动，在"4·26"期间发布10个典型案例，展示了工商和市场监管部门的执法效能和工作成就，有效震慑了违法犯罪分子，充分体现出全国各级工商和市场监管部门是开展商标行政执法工作的主力军，是广大权利人的

"守护神"。

全国各级工商和市场监管部门结合"4·26"知识产权宣传周，在主流媒体开设专刊、专栏，通过对政策法规宣传解读、重大专项工作进展介绍及大案要案剖析曝光等，展现本地打击侵权假冒工作开展情况及取得成效；通过揭露制假售假手段，曝光制假售假违法行为，提高消费者识假辨假能力，增强消费者消费信心，为打击侵权假冒营造良好的舆论氛围，为建立社会共治格局提供有力支撑。

▲ 2016 年 12 月 7 日，北京市工商局召开了"北京市工商局打击侵犯商标知识产权和制售假冒伪劣商品新闻发布会"。通报了 2016 年北京市工商局开展打击侵犯商标专用权和制售假冒伪劣商品工作取得的成效，并发布了"打击侵犯商标专用权和制售假冒伪劣商品"十大案例。

四、认真做好中国商标网站建设和政务公开

商标局充分发挥中国商标网社会关注度高、点击量大的优势，认真做好中国商标网站建设，加强公共服务功能，提升宣传效果。

2016 年，中国商标网提高了各类通知公告发布以及信息发布的频率，成为各级工商和市场监管部门、商标从业人员以及社会公众了解商标知识、办理商标业务的重要平台。及时发布各类通知公告，如《商标局践行"三严三实"服务商标申请人的七项措施》《关于改变出具商标注册证明方式的公告》《关于公布类似商品和服务区分表以外可接受商品服务项目名称的通告》《工商总局关于印发委托地方工商和市场监管部门受理商标注册申请暂行规定的通知》《关于改进商标注册证发文方式和内容版式等事宜的公告》《关于简化部分商标申请材料和手续的通知》等，为商标申请人和社会公众提供了便利。及时公布商标局工作动态，全年共发布各类商标工作信息 150 多条。及时公布各类商标数据，定期发布商标权质押数据、商标代理机构备案名单、各省区市商标注册申请数量、地理标志注册名录等数据，为地方充分利用大数据分析指导商标品牌战略提供便利，为经济决策提供参考和有力支撑。

2016 年，商标局积极提升对外咨询服务质量，切实做好政务公开工作，全年组织专人答复咨询电话 73600 多人次，回复网上公众留言 3700 多条。针对社会公众关注的焦点问题，如商标注册网上申请、商标注册证明的开具等，及时研究答复意见，主动为申请人释疑解惑，取得良好的社会反响。

第十三章　商标基础建设和信息化建设

2016 年，商标局认真贯彻落实国家工商总局党组的各项决策部署，坚持改革创新，履职尽责抓好工作落实，商标基础建设和信息化建设水平有了新的突破和进展，为大力推进商标注册便利化改革，确保改革措施精准落地提供了坚强保障。

一、商标档案管理迈上新台阶

（一）商标档案管理改革有序推进。为了减少纸质档案增量，商标局大力提高商标网上申请比例，逐步推进商标注册全程电子化；大力推进电子送达工作，依托商标注册网上服务系统，充分发挥电子送达便捷高效、成本低廉的优势，建成可网上收文、网上发文、查询、下载和打印等功能的商标服务平台，逐步减少纸质发文；建设电子注册证系统，向社会公众提供查询和验证功能，向商标注册人提供下载和打印功能，实行纸质证书和电子证书双轨并行，引导推行电子证书，逐步实现取消纸质证书；开发完善商标电子公告系统，完善电子公告信息，增加电子公告查询条件，完备电子公告功能，改变电子公告显示方式，实现商标公告全程电子化；开展商标异议、评审案件电子收文可行性研究，积极引导申请人采用电子方式提交案件材料。

为了压缩纸质档案存量，商标局修改《商标档案归档范围和保管期限表》，适当归并保管项目，缩短保管期限；根据修订后的《商标档案归档范围和保管期限表》，定期开展档案清理销毁工作。

重点研究解决扩大商标档案库房面积的对策，积极研究京外商标审查协作中心异地存放纸质档案的可行性方案，积极推进京外中心存放档案电子化工作，开展租用商标档案用房及委托外包商标档案服务调研和可行性研究。

（二）商标档案服务更加高效便捷。为了解决出具商标注册证明业务费用高、周期长、手续繁琐等问题，商标局通过走访调研、研究讨论、征求意见等多种方式听取意见建议，制定改革措施；加强沟通协调，组织相关部门进行软件测试上线，配备硬件设备等；制定工作规范，加强人员培训，压缩办理时间；坚持责任到人，加班加点完成工作任务。改变了出具注册证明方式，实现了在商标档案打印件上加盖"商标注册证明专用章"方式证明商标注册。为了给社会公众更高效便捷的服务，商标局加强研究，改变了商标注册证的发放方式，并调整了注册证内容版式，及时向社会公众进行公布。

二、商标信息化建设取得新成绩

（一）**助力商标注册便利化改革任务顺利推进**。加快商标网上服务系统建设，推进扩大商标网上申请范围工作，推进商标网上申请系统硬件建设，配合信息中心，为设立质权登记受理试点、商标申请受理窗口试点和商标审查协作广州中心提供信息化支持。加快推进数据共享工作，初步完成商标信息共享系统的建设，开放商标数据库进展顺利。加强"两个平台"建设，推动网上查询、网上申请、网上公告系统提速升级。为大力推进商标信息化建设，商标局认真研究，起草了《关于商标信息化工作存在的问题及建议的报告》，加强与相关单位的沟通协调，理顺商标信息化机制。为顺利推进电子送达及电子回文、电子公告和电子注册证工作，商标局审慎研究，起草完成了电子送达及电子回文系统、电子注册证系统需求书。为探索商标智能化检索，商标局起草了《关于商标图像检索有关情况的报告》，成立项目组推进工作，与今日头条、阿里巴巴等公司进行座谈，探讨需求及可行性分析，并赴日本特许厅开展调研工作。

（二）**加强商标信息化保障建设**。加快两地三中心灾备建设工作，保障数据安全，正推进数据备份有效性的验证工作。持续配合做好三期系统完善工作，继续组织业务部门进行三期系统问题验证，建立三期系统管控商标清单制度，主动收集各方面业务需求，撰写了商标电子公告系统业务需求等需求书并提交给信息中心实施，配合审限系统开发，组织开展了各业务审限管理需求调研工作，及时完成商标数据统计分析需求。着力保障商标自动化系统日常稳定运行，完成与商标审查协作中心计算机部的工作移交，高度重视主机系统维护管理工作，指导商标审查协作中心做好微机维护维修，完成资产移交。强化对商标审查协作中心网上服务系统维护服务的指导工作，指导审协中心计算机部做好网上申请咨询工作，2016年，回复咨询约7300人次，办理新发商标代理机构和律师事务所用数字证书1693件，办理数字证书续展、变更等后续业务2482件。已有11673家商标代理机构及律师事务所可以通过网上申请系统提交商标注册申请。

第十四章　商标队伍建设

2016年，在国家工商总局党组的坚强领导下，商标局、商评委深入开展"两学一做"学习教育，扎实推进班子建设、队伍建设、作风建设和党风廉政建设，进一步加强对全系统商标管理人才队伍建设的指导，为商标事业发展提供组织保障和智力支持。

一、商标局干部队伍建设取得新成效

（一）坚持以党建为统领，全面深入推动党建工作。2016年，商标局党委坚持"围绕中心、服务大局"抓党建工作，坚持党建工作与业务工作紧密结合、与发挥好职能作用紧密结合，认真抓好"两学一做"学习教育和巡视整改工作，以实际行动贯彻落实党的十八届六中全会精神，有力推进了商标注册和管理改革。完成了商标局党委换届，成立党建组，完善组织建设，强化组织领导，从严发展党员，进一步壮大组织力量；明确"党建是统领，改革是核心，落实是关键"的指导思想，在全局上下统一认识、凝聚共识；突出加强商标局党委和党支部班子建设，着力建设勇于担当、民主团结、率先垂范的班子，确保党建工作领导有力。

（二）把握问题导向、坚持正面引导，开展"大兴五风——向身边优秀共产党员学习"活动。为了打造商标局政治过硬、业务过硬、作风过硬的党员队伍，营造团结向上、风清气正的良好氛

▲ 2016年9月29日，商标局党委换届选举暨纪委成立大会在中国商标大楼召开，国家工商总局机关党委常务副书记方跃林出席会议，会议由商标局党委专职副书记欧阳少华主持。

▲ 2016年12月7日下午,商标局召开"开展'大兴五风——向身边优秀共产党员学习'活动"动员部署大会。商标局党委书记崔守东出席会议并讲话,机关党委群工处处长马洪涛出席会议。领导班子成员、商标局干部共184人参加了会议。

围,商标局党委结合"两学一做"学习教育、贯彻十八届六中全会精神及商标改革工作,倡导全局干部大兴"改革创新、学习研究、民主沟通、团结友爱、勤政廉政"之风,并将之贯穿全年工作始终。针对干部队伍建设中存在的问题,开展专题教育活动,对入局不满五年的同志开展纪律教育,强化新入

局同志的纪律意识。树立先进典型,宣传优秀事迹,激励商标局干部以身边优秀共产党员为榜样,不断提升自身素质,实现自我发展、自我超越,进而推动商标工作发展。

（三）强化政治理论学习,打造政治过硬的干部队伍。以支部为单位,组织全局党员深入学习贯彻习近平总书记系列重要讲话以及党的十八大和十八届三中、四中、五中、六中全会精神,深入推进"两学一做"学习教育。开展班子成员讲党课、主题党日活动、支部理论研讨等形式多样的理论学习研讨活动,切实推动干部加强理论学习和研讨,提升干部政治素质。组织全局处级以上领导干部参加总局机关党委组织学习贯彻党的十八届六中全会精神集中轮训,选派5名同志参加党校学习,组织5名同志参加"根在基层"2016年中央国家机关青年干部调研实践活动。

（四）严肃政治规矩和政治纪律,加强党风廉政建设。选举成立商标局纪委,落实监督执纪责任,加强对全局党员干部的纪律监督。严格按照要求落实巡视整改工作,制定了《商标局巡视整改工作方案》和《商标局巡视整改工作方案任务分解表》,确定责任人,严格督查督办,确保巡视整改工作推进有力、落实到位。以落实巡视整改工作为契机,进一步在全局严肃政治规矩和政治纪律,组织全局党员以支部为单位专题学习《中国共产党纪律处分条例》,强化党员规矩意识、纪律意识、底线意识。编印《商标局工作人员行为规范及工作制度必知必读手册》,进一步强调各项工作纪律。

（五）发挥群团组织作用，推动机关精神文明建设。成立青年读书小组，设立青年图书阅览角等方式将青年读书交流活动常态化，促进干部不断提高自己的知识水平；组织商标局第一届"新风杯"运动会，鼓励广大干部积极参与体育锻炼。加强商标局分工会、团总支组织建设，

▲ 商标局第一届"新风杯"运动会胜利闭幕。

充分发挥工会、团总支联系干部的作用，营造和谐向上的工作氛围。

二、商评委干部队伍建设展现新风貌

（一）扎实开展"两学一做"学习教育，着力加强思想政治建设。把"两学一做"学习教育作为加强队伍建设的龙头任务，扎实有序推进。坚持把领导带头贯穿始终，领导干部既以身作则、当好标杆，又真抓善抓、当好组织者，通过层层示范、层层带动，确保学习教育取得实效。坚持把思想教育贯穿始终，坚持读原著、学原文、悟原理，以党章党规和系列讲话武装头脑，尊崇党章、学习党章、遵守党章、维护党章，明确基本标准、树立行为规范。通过时时以党章和党规党纪为镜，努力在理想信念、宗旨意识、工作作风、纪律规矩、道德品行上摆问题、找差距，进一步增强"四个意识"，在思想上政治上行动上始终同以习近平同志为核心的党中央保持高度一致。坚持把查摆解决问题贯穿始终，强化问题导向，以解决问题为牵引开展学习教育，认真查找问题、分析原因、举一反三、扎实整改、建章立制。坚持把两手抓、两促进贯穿始终，将开展学习教育同做好业务工作结合起来，引领干部职工在经济新常态下树立新状态，在贯彻新发展理念中展现新作为，推动商标评审工作迈上新台阶。

（二）全面夯实党建工作基础，着力加强组织建设。认真贯彻党的十八届六中全会精神，严格党内组织生活，夯实党建工作基础。注重从基础工作抓起，从基本制度严起，总结运用"支部工作法"，切实加强对党员的教育、管理和监督，进一步强化了组织功能。严格落实"三会一课"，定期督查，做到时间、人员、内容、保障和

效果五个到位，确保"三会一课"不走过场。充分发挥组织生活的熔炉作用，用好批评和自我批评这个思想武器，提高组织生活的质量和水平，增强党内生活的政治性、原则性、战斗性。经总局机关党委批准，增补了商评委党委书记，将商评委党委下设的党支部由 4 个增设到 11 个，并分别召开党员大会进行换届选举，进一步完善了党的组织机构，充实了党建工作力量。理顺商标评审辅助人员党员组织隶属关系，经商审协中心党委同意并报总局机关党委批准，将辅助人员党员组织关系（当时包括 32 名正式党员和 1 名预备党员）调整到商评委党委，按党员所在处室编入商评委各党支部，参加党的组织生活，提升了商评委基层党组织整体功能。积极探索党建载体、形式、手段创新，构筑党建信息化服务平台，通过"支部工作"APP、微信群等多种形式拓展党的组织生活外延，扩大党建工作覆盖面。聚焦机关党员学习教育"灯下黑"问题专项整治，健全党费收缴管理、党员组织关系管理、辅助人员党员档案管理等基本制度，使每名党员都纳入党组织接受教育、有效管理，推动党员队伍和基层党建工作有明显改善提升。

（三）坚决落实巡视整改要求，着力加强制度建设。以"整改落实巡视反馈指出的问题和提出的意见建议"为主题召开专题民主生活会，认真梳理存在的问题，深入分析产生问题的原因，逐一研究解决问题的办法，做到即知即改、立行立改、全面整改。对能立即整改的就立行立改，第一时间抓好整改落实；对需要进行持续改进的，制定整改时间表，按节点有序推进；对需要形成长效机制的，按照务实管用的原则，修订完善相关制度，先后修订了《商评委"三会一课"制度》《商评委关于进一步严明政治纪律和政治规矩、强化"四个意识"的意见》《商评委贯彻落实全面从严治党要求实施办法》《商评委党委落实党风廉政建设主体责任实施办法》《商评委廉政风险点防范管理工作方案》等 8 项工作制度。通过加强制度建设，紧抓制度执行，切实提高各项工作制度化、规范化、程序化、科学化水平。

（四）积极适应新形势新任务，着力加强作风建设。大力培育敬业奉献、攻坚克难的工作作风，努力克服持续增长的案件数量、严格的法定审限、案件审理人员大幅减少、业务信息系统运行不稳定等多重压力，上下一心、奋力拼搏，审结完成各类评审案件 12.5 万余件，超过上年的审理量和受理量，圆满完成了全年工作任务。大力弘扬执法为民、服务群众的工作作风，加强"三个窗口建设"，完善窗口服务规范、当事人接待制度、咨询答疑制度等窗口服务制度，增加咨询电话，设立专门咨询岗，充实网站功能，做好当事人和社会公众咨询回应，耐心答疑，热情解惑，为群众提供便捷周到的服务。大力培育认真负责、严谨细致的工作作风，加强业务培训和研讨，强化质量管理和监督，不断提高审理人员的责任意识和业务水平，加强行政诉讼案件分析反馈，及时发现和防范各类审理过程中可能出现的疏失和问题。2016年，商评委一审被诉案件比上一年减少30%，案件审理质量和水平实现了新提升。

（五）严格落实主体责任，着力加强党风廉政建设。强化党风廉政建设第一责任人职责和党政同责、一岗双责，提高全体干部对做好廉政工作重要性的认识，在思想上更加重视廉政工作，在行动上更加自觉遵守各项规定。抓好关键环节、关键领域、关键岗位的反腐倡廉，对廉政风险防控点进行再梳理、再排查，修订廉政风险防控方案，强化执纪问责，层层落实责任，层层传导压力，确保主体责任落到实处。落实商标评审工作人员"十不准"，恪守廉洁从政各项规定，切实把纪律和规矩挺在前面，营造风清气正的良好环境。加强对干部思想状况的分析研判，有针对性地开展示范教育、警示教育和岗位纪律教育，通过纪律图文解读、典型案例剖析、党风廉政建设成果展示、廉政警句每日读、《舆情日报》的"预警信息"和"社会声音"重点读等方式，使党规党纪教育真正走近党员干部、真正入耳入心入脑。进行廉政集体谈话，不断增强党员干部慎独意识和自律观念，自觉净化社交圈、生活圈、朋友圈，守住做人处事用权交友底线，真正做到心中有党、心中有民、心中有责、心中有戒。参加中央国家机关工委"党章党规在我心中"为主题的知识测试及竞赛活动，参与率和及格率均为100%。参加讲家风故事、立家规家训、强家教家风系列活动，副巡视员丰兆龙受邀参加人民网组织的"中央国家机关党员干部家风系列访谈"节目。用好监督执纪"四种形态"，更好地发挥纪检委员作用，刚性执行纪律，严肃追究责任，坚决做到有错必纠、有责必问，坚决遏制各种违纪违规行为的发生。

（六）关心爱护干部职工，着力提升群团服务水平。积极开展"书香三八"活动，推动机关文化建设，培养和造就学习型、专业型、创新型的女性干部队伍，助推商标评审事业的和谐发展。强化社会主义核心价值观念，通过"爱心互助"基金传承"团结友爱、扶贫济困、乐于奉献、和谐共进"的优良传统。坚持各兴趣小组开展活动，通过举办春、秋季趣味运动会，组织开展广播操方阵表演以及两人三足、插红旗等趣味比赛，激发广大干部的活力和热情。积极参加总局机关"红盾杯"乒乓球比赛，增强队伍的凝聚力和战斗力，营造团结和谐良好工作氛围。

▲ 2016 年 5 月 27 日，伴随着飞镖比赛的欢声笑语，商评委夏季趣味运动会圆满落下帷幕。本次运动会参与广泛，精彩纷呈，达到了加强交流、强健体魄的效果良好。此次趣味运动会设置了单人跳绳比赛、扑克牌比赛、踢毽子比赛和飞镖比赛四个集趣味性和竞技性于一体的项目，广大干部职工积极参与，为享受运动的快乐和争取集体的荣誉而挥洒汗水，营造了"我参与、我健康、我快乐"的浓厚氛围。

三、各地商标管理队伍建设取得新成绩

（一）各地全面推进商标管理队伍建设。一年来，各地工商和市场监管部门开展了形式多样、成效显著的商标培训工作。广东、福建、贵州、宁夏、山西、甘肃、西安、青岛、大连等地工商和市场监管部门积极组织开展形式多样的调研、座谈、研讨，宣传普及商标法律法规，交流各地商标工作经验，提升商标干部的业务素质和知识水平。北京、上海、陕西、湖北、湖南、山东、云南、厦门、宁波、深圳等地工商和市场监管部门组织对企业、社会组织相关人员进行驰名商标认定、地理标志注册、商标专用权保护、商标国际注册等方面知识的培训，增强认定企业商标品牌意识，促使企业合理注册、规范使用、积极保护商标。甘肃省在组织开展"全省工商系统商标监管业务培训班""全省国际注册商标培训班"的同时，积极指导各地市组织商标业务培训班 200 余期，取得良好效果。宁夏各级工商和市场监管部门 2016 年共举办 6 期商标知识及商标监管培训班，2200 余人次参加培训，有效地提高了商标监管人员的商标知识储备和业务能力。云南省工商系统共开展各项商标培训 83 次，累计培训人数达 6400 余人次，

▲ 2016 年 11 月 15 日，上海市工商局举办法国香槟和波尔多葡萄酒真伪商标商品鉴别培训会。

提升了商标工作效能。

（二）**各地商标管理机构改进作风，积极服务企业和群众。** 各地工商和市场监管部门深入贯彻国务院"简政放权、放管结合、优化服务"的战略部署，进一步改进工作作风，热情服务企业和群众，取得了良好的社会反响。山东省工商局组织山东卫视等省内主流媒体，深入东营、青岛等地开展"挖掘式"宣传采访，对东营、青岛商标工作经验进行了全面和深度的报道，引导企业增强商标品牌意识，推进商标品牌战略。上海市工商局与法国香槟酒协会和波尔多葡萄酒行业协会共同组织召开法国香槟和波尔多葡萄酒商标鉴别会，法国香槟酒协会和波尔多葡萄酒行业协会相关负责人为上海市工商、市场监管部门介绍了真伪鉴别方式，提升一线执法干部鉴别能力，更好地为相关企业品牌建设和发展保驾护航。厦门市工商局深入基层、深入企业，有针对性地开展指导培训，为企业解决实际问题，助力企业商标品牌建设。

2016 年商标大事记

1月6日 国家工商总局副局长刘俊臣在京会见了来访的以色列经济部总司长阿米特·朗先生一行，双方就企业注册、商标注册和保护、反垄断和反不正当竞争及双边合作进行了交流。商标局副局长吕志华陪同会见。

▲ 2016 年 1 月 6 日，国家工商总局副局长刘俊臣会见来访的以色列经济部总司长阿米特·朗一行。

1月7日 全国知识产权局局长会议在北京会议中心召开。商标局副局长闫实出席会议。

1月11日 商标局副局长闫实会见海关总署副巡视员李群英一行，双方就"定牌加工执法"相关法律问题及有关情况进行了交流。

1月13日 国家工商总局副局长刘俊臣在京会见国际商标协会首席执行官艾迪埃纳·桑斯·德·阿塞多一行。商标局副局长吕志华陪同会见。

1月18日至19日 国家工商总局副局长刘俊臣赴上海市调研。商标局局长许瑞表陪同调研。

1月18日至20日 商标局副局长闫实率考核组对浙江省 2015 年打击侵权假冒违法犯罪活动工作绩效进行现场考核。

1月19日 中欧地理标志协定谈判内部协调会在商务部召开。商标局副巡视员吴群出席会议。

1月20日 国家工商总局副局长刘俊臣会见中国铁路总公司副总经理黄民一行。商标局副局长吕志华陪同会见。

1 月 21 日　国家工商总局副局长、打击侵权假冒工作领导小组组长刘俊臣主持召开工商总局打击侵权假冒工作领导小组第七次全体会议。商标局局长许瑞表、副局长闫实出席会议，国家工商总局打击侵权假冒工作领导小组成员和领导小组办公室联络员出席会议。

1 月 25 日至 27 日　商标局副局长闫实率考核组对河南省 2015 年打击侵权假冒违法犯罪活动工作绩效进行现场考核。

1 月 27 日　国家工商总局副局长刘俊臣会见来访的新加坡知识产权局局长邓鸿森一行，介绍了工商总局 2015 年商标工作情况，并就双方签署的商标合作谅解备忘录的实施进行交流。商标局副局长吕志华陪同会见。

2 月 1 日　世界园艺博览会组委会成员单位联络员第一次会议在贸促会礼堂召开。商标局副局长闫实出席会议。

2 月 24 日　国家工商总局副局长刘俊臣召集办公厅、综合司、商标局、商评委、信息中心、商标审查协作中心等部门专题研究商标档案电子化工作意见。商标局局长许瑞表、副巡视员夏青参加会议。

2 月 25 日　中国人民大学中国商标品牌研究院理事会、专家委员会成立大会在中国人民大学召开。国家工商总局副局长刘俊臣出席会议，商标局局长许瑞表参加会议。

2 月 29 日　国家工商总局局长张茅会见海南省人民政府省长刘赐贵、副省长李国梁一行。商标局局长许瑞表陪同会见。

3 月 1 日　商标局局长许瑞表会见丹麦专利商标局局长康叶波一行。副巡视员吴群陪同会见并举行 2016 年中丹商标圆桌会谈。商评委副主任李志军出席会议。

3 月 3 日　商标局副局长闫实在国家知识产权局参加《高等学校知识产权管理规范》和《科研组织知识产权管理规范》国家标准审查会。

3 月 14 日　国家工商总局副局长刘俊臣会见四川省甘孜州州长益西达瓦、四川省工商局副局长沈健等一行，听取"圣洁甘孜"商标注册工作汇报。商标局副局长吕志华陪同会见。

3 月 15 日　国家工商总局局长张茅赴北京同仁堂集团有限公司调研。商标局局长许瑞表陪同调研。

3 月 16 日　国家工商总局副局长刘俊臣会见黑龙江省副省长孙尧一行。商标局副局长陈文彤、商评委副主任李志军陪同会见。

3月17日　商标局副局长吕志华会见最高人民法院民事审判第三庭（知识产权庭）审判长周翔一行。

3月17日　2016年全国打击侵权假冒工作电视电话会议在国务院小礼堂召开，中共中央政治局委员、国务院副总理、全国打击侵权假冒工作领导小组组长汪洋出席会议并作重要讲话。国家工商总局副局长刘俊臣出席会议，商标局副局长闫实陪同参会。

3月22日　国家知识产权战略实施部际联席会议在国务院第四会议室召开。国家工商总局副局长刘俊臣出席会议，商标局副局长闫实陪同参会。

3月28日至29日　迪士尼注册商标专用权保护工作会议在上海召开。商标局副局长闫实出席会议。

3月30日　国家知识产权局主持召开《关于在有条件的地方开展知识产权综合管理改革试点总体方案（送审稿）》修改意见讨论会。商标局副局长陈文彤参加会议。

3月31日　商标局副局长林军强会见陕西省工商局商标处处长崔亮、延安市工商局局长屈志芳、延川县政府副县长吕勤芳一行，听取陕西开展"梁家河""文安驿"商标规范和整顿工作专题汇报。

4月8日　国家工商总局副局长刘俊臣主持召开相关司局负责人会议，研究贯彻总局局务会精神，确保落实"5月底前完成积压注册证全部发放"工作任务的具体措施。商标局局长许瑞表参加会议。

4月12日　国家工商总局召开2016年第14次党组会议。会议传达国务院领导同志对商标注册证延迟发放一事的批示精神，研究改进措施。商标局局长许瑞表列席会议。

4月14日　国家工商总局局长张茅会见贵州省工商局局长王彬一行。商标局局长许瑞表陪同会见。

4月16日　商标局处长、支部书记联席会议在中国商标大楼召开，会议通报了商标注册证缺纸事件有关情况，传达了总局党组会议精神，并结合三次商标局局长办公会决定，对整改落实工作进行了安排部署。商标局局长许瑞表主持会议，副局长林军强、闫实、陈文彤，党委专职副书记欧阳少华，副巡视员吴群出席会议。

4月18日　商标局局长许瑞表就商标注册证相关事宜接受央视、新华社、央广网及人民网4家媒体联合采访。

4月18日　商标局召开专家企业座谈会，商标局副局长林军强主持会议，副局

▲ 2016 年 4 月 18 日，国家工商总局局长张茅会见来访的欧盟委员会农业与农村发展事务委员菲尔·霍根一行。

长陈文彤、党委专职副书记欧阳少华出席座谈会。

4 月 18 日　商标局副巡视员吴群会见韩国特许厅知识产权保护协力局局长朴晟浚先生（Mr.Seong-Joon Park）一行。双方就打击恶意抢注、侵权行为、网络售假、驰名商标认定等议题进行了讨论。

4 月 18 日　国家工商总局局长张茅会见欧盟委员会负责农业和农村发展事务的委员菲尔·霍根先生一行，就目前正在磋商的中欧地理标志协议文本进行讨论。商标局局长许瑞表陪同会见。

4 月 26 日　国家工商总局局长张茅会见广西壮族自治区政府副主席黄日波一行，并就第二届中国 - 东盟工商论坛进行沟通协商。商标局局长许瑞表陪同会见。

4 月 27 日　国家工商总局副局长刘俊臣召集商标局、商评委、商标协会、商标审查协作中心主要负责人，专题研究部署相关工作。商标局局长许瑞表参加会议。

5 月 6 日　国家工商总局副局长刘俊臣在京参加 2016 年美国大使知识权圆桌会议。商标局副局长林军强、副巡视员吴群陪同参加会议。

▲ 2016 年 5 月 11 日，国家工商总局副局长刘俊臣会见了来访的格鲁吉亚经济与可持续发展部副部长盖纳迪·阿维拉泽一行。

5 月 11 日　国家工商总局副局长刘俊臣会见格鲁吉亚经济与可持续发展部副部长盖纳迪·阿维拉泽先生（Mr. Genadi Arveladze）一行，双方就格鲁吉亚地理标志在华注册情况以及中格自贸协定中有关地理标志保护的条款进行了交流和探讨。商标局副局长林军强陪同会见。

5月11日　改进出具商标注册证明方式通报会在证监会召开，研究改进出具商标注册证明方式相关问题。商标局副巡视员夏青出席会议。

5月12日　中华商标协会主办的商标行政执法与司法保护联动高层论坛在中国职工之家召开。国家工商总局副局长刘俊臣出席并致辞，商标局副局长闫实做主题发言。

5月14日　由国家工商总局与陕西省政府共同主办的"一带一路"商标品牌建设交流合作论坛及相关活动在西安曲江国际会议中心举办，该论坛是2016丝博会暨第20届西洽会的重要活动之一，国家工商总局副局长刘俊臣出席并作题为《加强商标品牌建设合作 促进丝路经贸共享发展》的致辞。

5月29日至6月1日　商标局党委专职副书记欧阳少华率调研组赴广州市就全面深化商标注册和管理制度改革情况进行调研。

5月30日　商标局与商评委就商标注册和管理制度改革事宜进行座谈。商标局副局长（正司级）崔守东主持会议，商标局副局长林军强，副巡视员吴群、夏青，商评委主任赵刚，副主任吕志华、李志军，党委专职副书记杨萍，副巡视员丰兆龙同志出席会议。

5月31日至6月2日　商标局副局长闫实率调研组赴四川省就全面深化商标注册和管理制度改革进行调研。

5月31日至6月1日　商标局副局长陈文彤率调研组赴上海市就全面深化商标注册和管理制度改革进行调研。

5月31日　商标局与商标审查协作中心就商标注册和管理制度改革事宜进行座谈。商标局副局长（正司级）崔守东主持会议，副局长林军强，副巡视员吴群、夏青，商标审查协作中心主任姜瑞斌，副主任原琪、姚坤、刘建新，党委专职副书记盛保晨，副主任杜红雨出席会议。

6月1日　商标局与中华商标协会就商标注册和管理制度改革事宜进行座谈。商标局副局长（正司级）崔守东主持会议，副局长林军强，副巡视员吴群、夏青，中华商标协会秘书长王培章，副秘书长肖芸、汪泽、张国鹏出席会议。

6月2日　中欧班列统一品牌活动工作组会议在国家发改委召开。商标局副局长林军强参加会议。

6月6日　国家工商总局副局长刘俊臣在总局党组会议室听取商标局关于商标注册和管理制度改革座谈和调研情况汇报，部署下一步商标注册和管理制度改革工作。副局长（正司级）崔守东、闫实、陈文彤，党委专职副书记欧阳少华，副巡视员吴群、夏青参加会议。

6月6日 商标局召开"全面深化商标注册和管理制度改革"座谈会。国家工商总局副局长刘俊臣同志出席会议。商标局副局长（正司级）崔守东主持会议，副局长林军强、闫实、陈文彤，党委专职副书记欧阳少华，副巡视员吴群、夏青出席会议。

▲ 2016年6月6日，商标局召开"全面深化商标注册和管理制度改革"座谈会，听取社会各界的意见和建议。

6月8日 商标局副局长（正司级）崔守东主持召开商标注册便利化改革小组第一次会议。会议总结了商标注册和管理制度改革前期工作情况，并部署下一阶段商标注册和管理制度改革工作。副局长林军强、闫实、陈文彤，副巡视员吴群、夏青出席会议，商标注册便利化改革小组成员参加会议。

6月12日 国家工商总局副局长刘俊臣会见来访的加拿大知识产权局局长乔安妮·贝利索女士一行，双方就商标注册和保护最新进展以及如何提高审查效率等问题进行了交流，并确认了双方谅解备忘录框架内2016-2017年度工作计划。商标局副局长（正司级）崔守东陪同会见。

6月14日 商标局副局长（正司级）崔守东主持召开商标注册便利化改革小组第二次会议。会议讨论《商标局关于在雅安设立商标受理服务窗口的建议》和《全面推进商标注册便利化改革工作方案》（框架）。副局长林军强、闫实、陈文彤，党委专职副书记欧阳少华，副巡视员吴群、夏青出席会议，商标注册便利化改革小组成员参加会议。

6月15日至16日 国家工商总局副局长刘俊臣在济南参加山东省品牌建设大会。商标局副局长（正司级）崔守东、副巡视员吴群陪同前往。

6月17日 国家工商总局副局长刘俊臣听取商标局关于《全面推进商标注册便利化改革工作方案》（框架）工作汇报。商标局副局长（正司级）崔守东、闫实参加会议，商标便利化改革小组成员参加会议。

6月17日　经济信息中心主任王予集就商标信息化相关工作与商标局、商评委、商标审查协作中心进行沟通。商标局副局长（正司级）崔守东、林军强出席会议。

6月20日　商标局副局长（正司级）崔守东主持召开商标注册便利化改革小组第三次会议。会议讨论了商标注册便利化改革有关文件，部署了下一步工作。副局长林军强、闫实，党委专职副书记欧阳少华，副巡视员吴群和商标便利化改革小组成员出席会议。

6月20日至23日　商标局副局长闫实赴四川成都参加2016年国家知识产权战略实施工作研讨培训班。

6月20日至23日　商标局副巡视员夏青赴浙江省台州市筹备并参加全国工商（市场监管）系统商标质押融资工作经验交流暨培训工作会。

6月21日　国家工商总局副局长刘俊臣会见韩国特许厅厅长崔东圭一行。商标局副局长（正司级）崔守东陪同会见。

▲ 2016年6月21日，国家工商总局副局长刘俊臣会见韩国特许厅厅长崔东圭一行。

6月21日至22日　国家工商总局副局长刘俊臣赴浙江省台州市出席全国工商（市场监管）系统注册商标质押融资工作经验交流暨培训工作会。商标局副局长（正司级）崔守东陪同前往。

6月24日　商标局召开局长办公会，会议讨论了《工商总局关于大力推进商标注册便利化改革的意见》《商标局关于在四川雅安、浙江台州等地设立商标受理服务窗口的请示》等文件的修改意见。会议通过了《关于调整商标注册证采购数量的请示》等文件。商标局副局长（正司级）崔守东主持会议，副局长林军强、闫实、陈文彤，党委专职副书记欧阳少华，副巡视员吴群、夏青参加会议。

6月24日　国家工商总局副局长刘俊臣在总局召集相关部门研究推进商标注册和管理体制改革有关工作。商标局副局长（正司级）崔守东、闫实参加会议。

6月27日　国家工商总局局长张茅会见浙江省副省长朱从玖一行。商标局副局

▲ 2016 年 6 月 28 日，国家工商总局局长张茅会见来访的世界知识产权组织副总干事王彬颖一行。

长（正司级）崔守东陪同会见。

6 月 28 日 商标局副局长（正司级）崔守东会见世界知识产权副总干事王彬颖女士一行。

6 月 28 日 国家工商总局局长张茅会见世界知识产权副总干事王彬颖女士。商标局副局长（正司级）崔守东陪同会见。

6 月 29 日 商标局召开《商标法》与《行政诉讼法》适用有关问题专家研讨会。商标局副局长（正司级）崔守东、陈文彤，副巡视员吴群，中华商标协会副秘书长汪泽参加会议。

6 月 29 日 国家工商总局副局长刘俊臣在总局会见中国美国商会代表团。商标局副局长林军强陪同会见。

6 月 29 日 国家工商总局局长张茅会见今日头条 CEO 张一鸣。商标局副局长（正司级）崔守东陪同会见。

6 月 30 日 商标局副局长（正司级）崔守东、副巡视员吴群拜访北京市高级人民法院，就《商标法》与《行政诉讼法》适用有关问题进行座谈。

7 月 1 日 商标局副局长（正司级）崔守东主持召开商标注册便利化改革小组第四次会议。会议传达贯彻总局党组会议精神，研究部署做好商标注册便利化改革下一步工作。商标局副局长闫实、党委专职副书记欧阳少华、副巡视员夏青和商改组成员出席会议。

7 月 4 日至 5 日 商标局副局长（正司级）崔守东、闫实赴四川参加商标局雅安商标受理处揭牌仪式。

7 月 6 日至 7 日 商标局副局长（正司级）崔守东、闫实赴浙江参加商标局台州商标受理处揭牌仪式。

7 月 6 日 国家工商总局副局长王江平主持召开"同仁堂"侵权案件汇报会。商标局副局长陈文彤参加会议。

7 月 6 日至 8 日 商标局副巡视员吴群赴南京参加全国法院知识产权审判工作

座谈会暨全国法院知识产权审判"三合一"推进会。

7月7日 国家工商总局副局长刘俊臣，商标局副局长（正司级）崔守东拜访北京市高级人民法院，就商标行政案件有关法律问题进行沟通。

7月8日 商标局召开取消对自然人申请商标注册限制有关问题专家研讨会。商标局副局长（正司级）崔守东主持会议，副局长林军强、闫实、陈文彤，党委专职副书记欧阳少华，副巡视员夏青参加会议。

7月19日 2016年度商标五方会谈中期会在京召开。来自美国专利商标局、欧盟知识产权局、日本特许厅、韩国特许厅和商标局的30余位代表参加会议，世界知识产权组织代表作为观察员列席本次会议。各方代表交流了五方会谈框架下14个项目的进展情况，商谈了下半年在中国举行2016年年会的筹备事宜，商提了2017年中期会和年会主办方。商标局副局长林军强，副巡视员吴群、夏青出席会议。

7月19日 国家工商总局局长张茅会见澳大利亚新任驻华大使安思捷女士及知识产权参赞边大伟先生。商标局副局长（正司级）崔守东陪同会见。

▲ 2016年7月19日，国家工商总局局长张茅会见了来华访问的世界知识产权组织总干事弗朗西斯·高锐一行。

7月19日 国家工商总局局长张茅会见世界知识产权组织高锐总干事一行。商标局副局长（正司级）崔守东陪同会见。

7月20日 商标局副局长陈文彤赴全国人大法工委，就商标行政案件有关法律问题与经济法室负责人交流沟通。

7月20日至21日 2016年度商标五方会谈专家技术会议在京召开。各方专家技术代表分别介绍了本方在商品和服务分类方面的新举措和新动向，并就商品和服务名称构成、商品和服务分类项目、商品和服务树状结构分类体系等项目上的进展情况及下一步工作计划进行了讨论，各方一致同意在相关项目上进一步提高用户参与度。商标局副巡视员吴群出席会议。

7 月 20 日至 22 日　商标局副局长林军强在宁夏银川出席部分省市地理标志工作经验交流会暨保护"中宁枸杞"地理标志商标座谈会。

7 月 21 日　"一带一路"知识产权高级别会议在京召开。国家工商总局副局长刘俊臣出席会议，商标局副局长陈文彤陪同参会。

7 月 22 日　商标局副局长闫实、副巡视员吴群会见北京冬奥组委总体策划部部长徐达一行。

7 月 22 日　商标局副局长陈文彤在北京饭店参加"一带一路"知识产权圆桌会议。

7 月 25 日　商标局与商评委、商标审查协作中心召开工作协调会，就商标档案改革工作进行研究。商标局副局长（正司级）崔守东主持会议，副巡视员夏青出席会议。

7 月 25 日　全国打击侵权假冒工作领导小组第十次全体会议在国务院第四会议室召开。国家工商总局副局长刘俊臣参加会议，商标局副局长闫实陪同参会。

7 月 26 日　《工商总局关于大力推进商标注册便利化改革的意见》新闻发布会在京召开。商标局副局长（正司级）崔守东全面介绍了《意见》的出台背景、起草过程、主要内容及下一步工作重点，详细解答了各媒体提出的商标热点问题。新华社、中央广播电台、中央电视台等十余家媒体参加发布会。

▲ 2016 年 7 月 26 日，国家工商总局召开商标注册便利化改革领导小组第一次全体会议。

7 月 26 日　国家工商总局召开商标注册便利化改革领导小组第一次全体会议，会议审议了商标注册便利化改革有关文件，并对下一步工作做了安排部署。总局副局长刘玉亭主持会议，副局长马正其、刘俊臣出席会议，小组成员单位负责人及相关人员参加会议。商标局副局长（正司级）崔守东就有关文件作了汇报说明。

7 月 27 日　商标局召开商标便利化改革任务分工讨论会，副局长（正司级）崔守东主持会议，副局长林军强、闫实、陈文彤，副巡视员吴群、夏青参加会议。

7 月 29 日　商标局召开"三定"方案专家研讨会，副局长（正司级）崔守东主持会议。总局相关司局、地方工商局、商标代理机构、专家学者参加研讨会，就商标局机构设置等问题提出意见和建议。商标局副局长林军强、闫实，党委专职副书记欧阳少华，副巡视员吴群、夏青出席会议。

8月2日　商标局副局长（正司级）崔守东、副巡视员吴群会见国家知识产权局专利管理司司长雷筱云、保护协调司副司长张志成一行。双方就《关于在有条件的地方开展知识产权综合管理改革试点总体方案》会签问题展开讨论。

8月4日至5日　商标局副局长林军强带队赴安徽合肥调研，参观科大讯飞股份有限公司最新研究成果，并围绕图像识别技术在商标审查工作中应用的可能性进行了交流探讨。调研期间，林军强还听取了宣城市和池州市工商质监局负责同志有关地理标志商标注册情况的汇报。

8月10日　商标局召开商标网上服务系统建设项目需求确认会。副局长林军强主持会议，副巡视员夏青出席会议。

8月12日　第2届中国–东盟工商论坛新闻发布会在京召开。商标局副局长陈文彤出席发布会。

8月18日至19日　商标局副局长（正司级）崔守东、林军强赴山东参加部分省市地理标志经验交流会暨商标工作座谈会。

8月18日至19日　商标局党委专职副书记欧阳少华赴广州调研京外审查中心选址事宜。

8月23日至25日　商标局副局长闫实赴江苏省镇江市参加商标品牌战略实施工作座谈会。

8月25日　国家工商总局副局长刘俊臣会见英国能源与知识产权国务大臣娜薇尔·露芙一行，双方交流了中英知识产权体系发展近况并探讨未来合作方向。商标局副局长（正司级）崔守东陪同会见。

▲ 2016年8月25日，国家工商总局副局长刘俊臣会见英国能源与知识产权国务大臣娜薇尔·露芙女男爵。

8月25日　贸促会主办的知识产权保护热点问题研讨会在京召开。商标局副巡视员吴群参加会议。

8月25日　商标局副局长林军强带队赴国家文物局，就"海昏侯"相关商标处理事宜与政策法规司司长朱晓东进行了沟通，并就建立涉文物商标注册信息沟通机制达成了一致意见。

8 月 26 日　商标局副局长闫实、副巡视员吴群到中编办三司协调知识产权综合管理改革试点工作。

8 月 29 日至 9 月 1 日　商标局副局长闫实赴云南省昆明市出席"商标品牌战略实施工作座谈会"。

8 月 31 日　国家工商总局副局长刘俊臣召集人事司、商标局共同研究国家知识产权局起草的《关于在有条件的地方开展知识产权综合管理改革试点总体方案（送审稿）》。商标局副局长（正司级）崔守东、副巡视员吴群参加会议。

9 月 1 日至 3 日　提升地理标志运用水平助力贫困地区绿色发展高级研修班在深圳行政学院举办。商标局副局长林军强出席开班仪式并授课。

▲ 2016 年 9 月 9 日下午，商标局召开划转至商评委工作同志欢送会。

9 月 6 日至 7 日　商标局副局长闫实赴河北阜平县出席"商标扶贫"工作推进会议并调研。

9 月 9 日　商标局召开会议欢送划转至商评委工作的同志。副局长林军强主持会议，副局长（正司级）崔守东，副巡视员吴群、夏青出席会议，划转至商评委工作的 20 名同志、各处室负责人参加会议。

9 月 9 日　2016 国家制造强国建设专家论坛在京召开，商标局副局长闫实参加会议。

9 月 9 日至 11 日　中国知识产权培训中心举办纪念郑成思教授逝世十周年暨"国家知识产权战略实施：回顾与展望"研讨会。商标局副局长陈文彤出席会议并做发言。

9 月 12 日　第 2 届中国 – 东盟工商论坛在广西南宁举行，论坛以"商标品牌保护与发展"为主题。国家工商总局副局长刘俊臣出席论坛并作主旨演讲，商标局副局长（正司级）崔守东主持第 2 届中国 – 东盟工商论坛。商标局副巡视员吴群陪同前往。

9 月 13 日 商标局副局长林军强参加商标审查协作中心广州分中心筹备工作会议。

9 月 18 日 服务经济相关问题协调会在国家发改委召开。商标局副巡视员吴群参加会议。

9 月 19 日 《关于深入实施商标品牌战略的意见（征求意见稿）》征求意见座谈会在中国商标大楼召开。国家工商总局副局长刘俊臣同志出席会议并讲话，商标局副局长（正司级）崔守东、林军强、陈文彤，党委专职副书记欧阳少华，副巡视员吴群、夏青，商评委主任赵刚，商标协会副秘书长汪泽，商标审查协作中心主任姜瑞斌参加会议。

9 月 19 日 北京世园会会徽、吉祥物发布会在八达岭长城召开。商标局副局长闫实出席发布会。

9 月 20 日 国家工商总局副局长刘俊臣在京会见国际商标协会（INTA）首席执行官艾迪埃纳·桑斯·阿塞多一行。商标局副局长（正司级）崔守东陪同会见。

9 月 20 日 商标局召开《类似商品和服务区分表》修订座谈会，副巡视员夏青出席会议并讲话。

9 月 21 日 第 23 次中法商标工作组会议在京召开，商标局副局长陈文彤与法国工业产权局局长伊夫·拉皮埃尔共同主持会议。

9 月 22 日至 24 日 "2016 海峡两岸商标研讨会"在福建平潭召开，国家工商总局副局长刘俊臣出席会议，商标局副局长（正司级）崔守东陪同参会、调研。

9 月 22 日 商标局副局长林军强率队赴国家知识产权局专利局就专利局对专利审查协作中心业务管理、质量管理、人员配置等情况进行调研。

9 月 22 日 "中华老字号品牌质量提升情况"政协委员视察团组团会在京召开。国家工商总局副局长马正其同志出席会议，商标局副局长闫实陪同参加。

9 月 26 日 商标局副局长（正司级）崔守东在商标大楼会见临沂市副市长李朝晖（商标局挂职干部）一行。

9 月 26 日至 27 日 商标局党委专职副书记欧阳少华赴江苏省无锡市为江苏省商标业务培训班授课。

10 月 8 日 商标局召开商标品牌战略意见研讨会。商标局党委书记、副局长（正司级）崔守东主持会议，副局长林军强、闫实、陈文彤，党委专职副书记欧阳少华，副巡视员吴群、夏青，程萌同志出席会议。

10月9日 商标局召开2016年商标局赴基层挂职干部欢送会。商标局党委书记、副局长（正司级）崔守东主持会议，副局长林军强、闫实、陈文彤，副巡视员吴群、夏青出席会议，各处室负责人、赴基层挂职干部参加会议。

10月11日 国家工商总局局长张茅、副局长甘霖赴东道品牌创意集团调研。商标局党委书记、副局长（正司级）崔守东陪同调研。

10月13日 国家工商总局召开商标注册便利化改革领导小组第二次会议。会议听取了综合司关于商标业务经费保障工作方案进展情况的报告，人事司、商标审查协作中心广州分中心筹备组关于分中心筹建进展情况的报告，经济信息中心关于商标自动化系统商标审查协作广州中心总局端一期扩容建设方案、商标数据库开放工作进展情况的报告，商标局关于商标注册便利化1+X方案落实情况的报告。总局副局长刘玉亭、马正其出席会议。商标注册便利化改革领导小组成员单位负责人参加会议。商标注册便利化改革领导小组办公室人员列席会议。

▲ 2016年10月18日，商标局在四川省雅安市召开了商标受理窗口启动运行工作会议，部署商标受理窗口启动运行工作，培训商标受理业务，交流商标受理工作经验。商标局副巡视员夏青出席会议并讲话。

10月17日至20日 商标局副局长林军强赴内蒙古自治区调研并参加地理标志活动。

10月17日至21日 商标局副巡视员夏青带队赴四川雅安市参加商标受理窗口启动运行工作会议，赴湖北武汉市对湖北商标受理窗口进行检查验收并看望商标局在湖北省挂职的三名干部。

10月19日 商标注册便利化改革领导小组信息化组第二次会议在中国商标大楼召开。商标局党委书记、副局长（正司级）崔守东，党委专职副书记程萌，综合司、商评委、信息中心、商标协会和审查协作中心五家单位负责人参加会议。

10月19日 商标局副局长闫实、副巡视员吴群赴国办秘书三局参加知识产权综合管理改革方案协调会。

　　10月20日至21日　商标局副局长闫实赴天津参加京津冀商标执法区域协作会议。

　　10月21日　欧盟商标检索项目专题会议在国家工商总局召开。商标局副局长林军强、副巡视员吴群出席会议。

　　10月24日至25日　商标局副巡视员吴群赴合肥为安徽省推进质量品牌升级专题培训研讨班授课。

　　10月26日　商标局副局长闫实、副巡视员吴群同志到国办秘书三局商谈《关于在有条件的地方开展知识产权综合管理改革试点总体方案（送审稿）》。

　　10月27日至30日　2016中国国际商标品牌节及2016年商标五方会谈年会在江苏省昆山市举行。国家工商总局副局长刘俊臣出席活动并发表演讲，商标局党委书记、副局长（正司级）崔守东，副局长林军强，副巡视员吴群参加活动。

　　10月28日　商标局与北京知识产权法院座谈会在商标大楼召开，会议就商标异议所涉及法律问题及其相关法条的理解与适用进行了

▲ 2016年10月28日，2016中国国际商标品牌节在江苏省昆山市举行。国家工商总局副局长刘俊臣出席活动并发表演讲。

探讨。商标局副局长陈文彤主持会议，北京市知识产权法院宋鱼水副院长带队参加。

　　10月31日至11月2日　商标局副巡视员夏青赴四川参加成都市工商局商标受理窗口启动仪式，并指导商标受理窗口开展工作。

　　11月1日至4日　商标局副局长林军强在福建宁德调研地理标志精准扶贫工作。

　　11月2日　商评委主持召开商标业务工作联席会议，讨论涉及无效宣告案件的商标注册公告问题。商评委主任赵刚主持会议，商标局副局长陈文彤、副巡视员吴群参加会议。

11 月 5 日　第 23 届中国杨凌农业高新科技成果博览会在陕西杨凌举行。全国政协常委、中华商标协会会长刘凡同志出席开幕式和"一带一路"农产品商标品牌建设峰会并发表演讲。商标局副局长林军强参加活动。

▲ 2016 年 11 月 6 日，陕西省工商局举办商标注册、商标质权登记申请受理点启动和陕西省商标馆开馆仪式。

11 月 6 日　国家工商总局商标局陕西商标受理窗口和注册商标专用权质权登记陕西受理点启动暨陕西省商标馆开馆仪式、陕西工商登记注册全程电子化系统启动仪式在陕西西安举行。全国政协常委、中华商标协会会长刘凡同志出席活动，商标局副局长林军强参加活动。

11 月 7 日　国家工商总局召开商标注册便利化改革领导小组第三次会议。会议听取了人事司关于《商标审查协作广州中心设置方案》的报告、商标局《关于商标注册申请量预测和京外商标审查协作中心布局及审查任务分配的报告》和商标审查协作广州中心筹备组关于商标审查协作广州中心筹建进展情况的报告。总局副局长刘玉亭主持会议，副局长马正其出席会议，商标局党委书记、副局长（正司级）崔守东和党委专职副书记程萌参加会议。

11 月 8 日　国家工商总局副局长王江平赴人民日报社参加第二届中国品牌论坛。商标局党委书记、副局长（正司级）崔守东陪同参加。

11 月 9 日　国家工商总局局长张茅在总局会见最高人民法院执行局孟祥一行，协商网络查控和信用惩戒推进工作。商标局党委书记、副局长（正司级）崔守东陪同会见。

11 月 11 日　商标局在商标大楼召开知识产权综合管理改革工作研讨会。商标局党委书记、副局长（正司级）崔守东主持会议，副局长陈文彤，副巡视员吴群、夏青，党委专职副书记程萌参加会议，总局办公厅、综合司、法规司、人事司和市场研究中心等司局派员参会，北京、天津、山东等 10 个地方工商和市场监管部门商标处负责人参加会议。

11 月 14 日至 16 日　由世界知识产权组织和工商总局联合主办的商标品牌和马德里国际商标体系成立 125 周年纪念活动在山东青岛举行。商标局党委书记、副局长（正司级）崔守东出席活动并致辞，副巡视员吴群参加专题讨论。

11 月 15 日　商标局副局长陈文彤赴万寿宾馆参加国家制造强国建设领导小组办公室第四次（扩大）会议。

11 月 16 日　商标局副局长陈文彤在商标大楼主持召开会议，讨论《关于设立总局商标审查协作广州中心和商标局驻广州办事处的请示》及其说明。副巡视员夏青、党委专职副书记程萌参加会议。

11 月 21 日至 22 日　商标行政执法区域协作座谈会在安徽省合肥市召开。商标局副局长闫实出席会议。

11 月 23 日至 25 日　商标局副局长闫实赴江苏就商标监管执法、著名商标认定及商标代理人监管等事宜进行调研。

11 月 28 日　商标局、综合司、商评委、经济信息中心、商标审查协作中心部门负责人在商标大楼召开会议，就商标发文打印服务与北京瑞赛时代科技有限公司进行谈判。商标局党委书记、副局长（正司级）崔守东、副巡视员夏青，综合司副巡视员朱为亮，商评委副巡视员丰兆龙，信息中心主任王予集、副主任王子献，商标审查协作中心副主任杜红雨参加会议。

11 月 28 日至 29 日　中欧地理标志协定第十二轮谈判在商务部召开，来自商务部、农业部、质检总局、工商总局的中方代表和来自欧盟农业与农村发展总司、欧盟驻华代表团的欧方代表就中欧地理标志产品清单等问题进行了讨论。商标局副局长林军强参加谈判。

11 月 28 日　商标局副局长闫实赴商务部参加 2016 年度打击侵权假冒绩效现场考核工作准备会。

11 月 28 日至 30 日　由商标局主办、安徽省工商局承办的"马德里商标国际注册发展研讨会"在安徽省合肥市召开。商标局副巡视员吴群出席会议，并就马德里体系基本情况等进行了演讲。

11 月 29 日　商标局选派 4 名同志从北京出发，赴商标审查协作广州中心支持工作。党委专职副书记程萌为同志们送行。

11 月 30 日至 12 月 1 日　商标局党委书记、副局长（正司级）崔守东赴广州参加商标审查协作广州中心挂牌仪式、商标局驻广州办事处揭牌仪式、首届南方商标品牌高端论坛。商标局党委专职副书记程萌参加活动。

11 月 30 日至 12 月 2 日 商标局副局长闫实赴福建参加全国打击侵权假冒工作办公室主任会议。

12 月 1 日至 12 月 2 日 商标局党委书记、副局长（正司级）崔守东赴贵阳参加贵州省品牌建设大会。

▲ 2016 年 12 月 1 日，商标局副局长（正司级）崔守东（左二）、广州市副市长黎明（右二）、广东省工商局局长凌锋（左一）及广州市越秀区区长苏佩（右一）共同为国家商标品牌创新创业（广州）基地揭牌。

12 月 6 日 商标局副巡视员吴群在商标大楼会见英国使馆国际贸易部能源商务参赞及英国石油公司高级法务总监。

12 月 8 日至 9 日 第十二届泛珠三角区域工商行政管理部门高层联席会议在江西省上饶市召开。商标局党委书记、副局长（正司级）崔守东参加会议。

12 月 8 日 商标局副巡视员吴群赴广东东莞市为面向当地基层政府及企业的商标国际注册专题培训班授课。

12 月 12 日 商标局副巡视员吴群赴欧盟使团会见欧盟驻华代表团参赞罗本诺，就伊利集团商标海外维权一案进行探讨。

12 月 13 日至 16 日 商标局副巡视员夏青率队赴浙江省、安徽省质权登记申请受理点指导工作。

12 月 14 日 商标局党委专职副书记程萌组织商标局、商评委、商标协会、商标审查协作中心召开专题会议，集中学习研究《关于开展知识产权综合管理改革试点总体方案（送审稿）》。商标审查协作中心副主任姚坤、商标协会副秘书长肖芸参加会议。

12 月 14 日至 15 日 商标局副局长闫实赴广州出席第十二届泛珠三角区域工商行政管理部门高层联席会议。

12 月 14 日至 16 日 商标局副局长陈文彤赴天津、上海参加全国政协提案委员会"提升中华老字号品牌质量"调研。

12月14日至22日 国家工商总局副局长刘俊臣率团出访英国和意大利。商标局党委书记、副局长（正司级）崔守东随团出行。

12月16日至18日 商标局副局长闫实赴深圳出席2016年工商和市场监管部门商标行政执法培训班。

12月15日至21日 商标局副巡视员吴群率队赴广东深圳、浙江义乌等地，调研统一市场监管框架下知识产权综合管理改革情况。

12月19日至23日 商标局副局长闫实赴浙江、上海开展2016年度打击侵权假冒绩效现场考核工作。

12月22日至23日 全国工商和市场监管工作会议在国谊宾馆召开。商标局党委书记、副局长（正司级）崔守东，副局长林军强，欧阳少华同志，副巡视员夏青，党委专职副书记程萌参加会议。

12月22日至24日 国家制造强国建设领导小组在湖南长沙组织召开了推进《中国制造2025》工作现场会暨国家制造强国建设领导小组第四次会议。国家工商总局副局长甘霖出席会议，商标局副局长陈文彤陪同参会。

12月28日 国务委员王勇在国务院第三会议室听取相关单位市场综合执法改革有关情况汇报。国家工商总局副局长刘玉亭参加会议并汇报，商标局党委书记、副局长（正司级）崔守东陪同参会。

12月28日 国家工商总局副局长刘俊臣在总局听取商标品牌工作汇报。商标局副局长闫实参加会议。

12月28日 地理标志协调工作会在商标大楼召开，讨论建立地理标志部际联席协调机制和地理标志联合认定有关事宜。商标局副局长林军强主持会议，商标局党委书记、副局长（正司级）崔守东，副巡视员吴群出席会议，农业部、质检总局、商务部派员参加会议。

12月29日 商标局副局长林军强在总局出席第六届地理标志商标摄影大赛终评活动。

12月30日 商标五方会谈工作小组会议在商标大楼召开，确定了五方会谈相关工作事宜。商标局副局长林军强，副巡视员吴群、夏青参加会议。

商标数据统计

2016 年度商标申请 / 注册概况表

单位：件

业务名称	国内	国际	马德里	合计
注册申请	3526827	112347	52191	3691365
异议申请	32034	24989	251	57274
续展申请	103822	17438	9709	130969
变更申请	186542	28285	7774	222601
转让申请	147542	12274	4898	164714
注销申请	7494		9640	48631
撤销申请	31497			
许可备案申请	16262			16262
注册	2119032	97497	38416	2254945
审定	1773645		18967	1792612
核驳	645889		45491	1206907
部分核驳	515527			
异议裁定量	48850			48850
变更	192529		6228	198757
转让	163676		5259	168935
续展	131311		8549	139860
注销	12999		7174	39689
撤销	19516			
许可合同备案	18211			18211
补发注册证	13748			13748
国内企业马德里商标国际注册申请	3014			
国内企业马德里商标国际变更续展等	987			

2016年度各省、自治区、直辖市商标申请与注册统计表

说明：申请件数、注册件数指 2015.12.16~2016.12.15 的商标统计情况，其他指截至 2016.12.15 的统计情况。

单位：件

省、自治区、直辖市	申请件数	注册件数	有效注册量
北京市	372387	213587	893743
天津市	34933	22504	134145
河北省	96475	55139	291122
山西省	25980	15127	90605
内蒙古自治区	28847	17121	95854
辽宁省	59860	36150	211146
吉林省	30794	19948	104732
黑龙江省	42109	24615	135656
上海市	257616	158380	697251
江苏省	209900	125314	743670
浙江省	327572	193348	1315742
安徽省	88042	47643	239666
福建省	175392	102858	616693
江西省	57838	31563	162765
山东省	184490	109047	592018
河南省	129946	74276	356106
湖北省	79095	47821	238734

（续上表）

省、自治区、直辖市	申请件数	注册件数	有效注册量
湖南省	87800	52348	257429
广东省	689434	410207	2043798
广西壮族自治区	35229	19616	103135
海南省	13454	8637	50078
重庆市	67024	45777	240519
四川省	126300	73986	392055
贵州省	33404	17904	89633
云南省	54969	37991	173703
西藏自治区	4388	2572	8797
陕西省	59416	36041	202095
甘肃省	17958	7580	41430
青海省	6716	3303	18537
宁夏回族自治区	9439	5932	25546
新疆维吾尔自治区	34136	19648	101062
中国香港	65837	65743	329482
中国澳门	818	829	4231
中国台湾	19229	16477	142297
合计	3526827	2119032	11143475

2016 年度外国（地区）在华商标申请统计表

单位：件

外国（地区）	外国(地区)申请件数	马德里申请件数	总计	外国（地区）	外国(地区)申请件数	马德里申请件数	总计
阿尔巴尼亚	2	2	4	保加利亚	47	104	151
阿尔及利亚	8	0	8	北马里亚纳群岛	2	0	2
阿富汗	33	0	33	贝里斯	0	6	6
阿根廷	118	2	120	贝宁	5	0	5
阿联酋	565	33	598	比利时	434	694	1128
阿曼	13	0	13	冰岛	22	46	68
阿塞拜疆	27	0	27	波黑	3	2	5
埃及	167	18	185	波兰	372	367	739
埃塞俄比亚	3	0	3	玻利维亚	14	0	14
爱尔兰	184	170	354	伯利兹	35	6	41
爱沙尼亚	26	83	109	朝鲜	27	19	46
安道尔	5	7	12	丹麦	890	737	1627
安哥拉	4	0	4	德国	4844	9682	14526
安奎拉	67	0	67	多哥	1	0	1
奥地利	253	1052	1305	多米尼加	21	2	23
澳大利亚	4200	1730	5930	俄罗斯	460	988	1448
巴巴多斯	73	0	73	厄瓜多尔	30	0	30
巴布亚新几内亚	1	0	1	法国	3187	5557	8744
巴哈马	96	23	119	菲律宾	194	17	211
巴基斯坦	108	0	108	斐济	5	15	20
巴拉圭	6	0	6	芬兰	422	1170	1592
巴勒斯坦	5	0	5	刚果（金）	1	6	7
巴林	5	3	8	哥伦比亚	108	13	121
巴拿马	52	10	62	哥斯达黎加	5	0	5
巴西	382	3	385	格鲁吉亚	11	21	32
白俄罗斯	8	47	55	根西岛	3	6	9
百慕大	220	8	228	古巴	16	1	17

（续上表）

外国 （地区）	外国(地区) 申请件数	马德里 申请件数	总计	外国 （地区）	外国(地区) 申请件数	马德里 申请件数	总计
圭亚那	1	0	1	卢旺达	2	0	2
哈萨克斯坦	20	42	62	罗马尼亚	12	50	62
海地	4	0	4	马达加斯加	2	2	4
韩国	19139	1376	20515	马恩岛	125	24	149
荷兰	1483	1544	3027	马尔代夫	1	0	1
荷属安的列斯群岛	6	0	6	马耳他	48	55	103
洪都拉斯	9	0	9	马拉维	1	0	1
吉尔吉斯斯坦	9	1	10	马来西亚	1545	3	1548
几内亚	6	0	6	马里	7	0	7
加拿大	2798	32	2830	马其顿	0	26	26
加纳	2	0	2	马绍尔群岛	133	0	133
柬埔寨	13	0	13	毛里求斯	34	0	34
捷克	102	305	407	毛里塔尼亚	8	0	8
喀麦隆	10	0	10	美国	28868	5809	34677
卡塔尔	26	0	26	蒙古	13	0	13
开曼群岛	1045	5	1050	蒙特塞拉特	1	0	1
科特迪瓦	3	0	3	孟加拉	36	0	36
科威特	32	0	32	秘鲁	42	0	42
克罗地亚	27	68	95	缅甸	53	0	53
肯尼亚	11	0	11	摩尔多瓦	9	12	21
库克群岛	7	0	7	摩洛哥	5	33	38
库拉索	5	3	8	摩纳哥	18	129	147
拉脱维亚	27	45	72	墨西哥	435	14	449
老挝	6	0	6	南非	211	0	211
黎巴嫩	49	0	49	尼泊尔	20	0	20
立陶宛	31	28	59	尼日尔	1	0	1
利比里亚	1	0	1	尼日利亚	30	0	30
利比亚	17	0	17	挪威	145	296	441
列支敦士登	105	42	147	帕劳	1	0	1
卢森堡	460	619	1079	葡萄牙	131	206	337

（续上表）

外国（地区）	外国(地区)申请件数	马德里申请件数	总计	外国（地区）	外国(地区)申请件数	马德里申请件数	总计
日本	11709	2710	14419	文莱	40	0	40
瑞典	824	950	1774	乌干达	7	0	7
瑞士	2112	3308	5420	乌克兰	44	136	180
萨尔瓦多	8	0	8	乌拉圭	17	0	17
萨摩亚	115	0	115	乌兹别克斯坦	6	4	10
塞尔维亚	10	30	40	西班牙	1206	980	2186
塞内加尔	5	0	5	希腊	83	85	168
塞浦路斯	110	124	234	新加坡	2572	452	3024
塞舌尔	733	1	734	新西兰	1183	444	1627
沙特阿拉伯	105	0	105	匈牙利	36	70	106
圣卢西亚	4	0	4	叙利亚	55	0	55
圣马利诺	2	5	7	牙买加	6	0	6
圣文森特和格林纳丁斯	1	0	1	亚美尼亚	5	3	8
斯里兰卡	35	0	35	也门	101	0	101
斯洛伐克	15	81	96	伊拉克	118	0	118
斯洛文尼亚	20	117	137	伊朗	280	61	341
苏丹	3	0	3	以色列	325	178	503
所罗门群岛	3	0	3	意大利	2448	3967	6415
塔吉克斯坦	1	0	1	印度	301	88	389
泰国	1222	7	1229	印度尼西亚	183	0	183
坦桑尼亚	12	0	12	英国	7254	4164	11418
特克斯和凯科斯群岛	1	0	1	英吉利海峡群岛	33	0	33
特立尼达和多巴哥	15	0	15	英属维尔京群岛	2716	131	2847
突尼斯	11	3	14	约旦	53	0	53
土耳其	227	559	786	越南	211	91	302
土库曼斯坦	10	0	10	赞比亚	4	0	4
瓦努阿图	42	0	42	泽西岛	15	13	28
危地马拉	11	0	11	乍得	2	0	2
委内瑞拉	42	4	46	直布罗陀	1	5	6
				智利	453	1	454
				合计	112347	52191	164538

2016 年度外国（地区）在华商标注册统计表

单位：件

外国 （地区）	外国(地区) 申请件数	马德里 申请件数	总计	外国 （地区）	外国(地区) 申请件数	马德里 申请件数	总计
阿尔及利亚	11	0	11	保加利亚	45	119	164
阿富汗	18	0	18	贝宁	6	0	6
阿根廷	96	3	99	比利时	298	673	971
阿联酋	341	27	368	冰岛	15	23	38
阿曼	4	0	4	波兰	201	352	553
阿塞拜疆	12	3	15	玻利维亚	7	0	7
埃及	56	9	65	伯利兹	54	26	80
爱尔兰	266	93	359	朝鲜	5	19	24
爱沙尼亚	16	17	33	丹麦	832	324	1156
安道尔	1	0	1	德国	4153	7238	11391
安哥拉	1	0	1	多哥	2	0	2
安奎拉	17	0	17	多米尼加	27	0	27
奥地利	225	683	908	俄罗斯	473	915	1388
澳大利亚	2415	931	3346	厄瓜多尔	17	0	17
巴巴多斯	95	2	97	法国	3271	5586	8857
巴布亚新几内亚	4	0	4	菲律宾	207	5	212
巴哈马	48	1	49	斐济	4	0	4
巴基斯坦	54	0	54	芬兰	560	496	1056
巴拉圭	1	0	1	冈比亚	3	0	3
巴勒斯坦	1	0	1	刚果（金）	9	0	9
巴林	14	0	14	哥伦比亚	59	7	66
巴拿马	45	12	57	哥斯达黎加	5	0	5
巴西	528	2	530	格鲁吉亚	8	5	13
白俄罗斯	13	71	84	根西岛	16	8	24
百慕大	152	2	154	古巴	33	0	33

（续上表）

外国 （地区）	外国(地区) 申请件数	马德里 申请件数	总计	外国 （地区）	外国(地区) 申请件数	马德里 申请件数	总计
圭亚那	10	0	10	利比亚	10	0	10
哈萨克斯坦	13	12	25	列支敦士登	294	72	366
海地	20	0	20	卢森堡	454	484	938
韩国	12698	529	13227	罗马尼亚	27	31	58
荷兰	1150	1278	2428	马达加斯加	1	1	2
荷属安的列斯群岛	7	0	7	马恩岛	163	0	163
黑山	0	3	3	马耳他	128	31	159
吉布提	2	0	2	马来西亚	858	3	861
吉尔吉斯斯坦	6	0	6	马里	5	0	5
几内亚	4	8	12	马其顿	0	9	9
加拿大	1880	33	1913	马绍尔群岛	183	0	183
加纳	6	0	6	毛里求斯	39	0	39
柬埔寨	52	0	52	毛里塔尼亚	1	0	1
捷克	78	235	313	美国	25727	3187	28914
津巴布韦	1	0	1	蒙古	11	0	11
喀麦隆	3	4	7	孟加拉	18	0	18
卡塔尔	60	0	60	秘鲁	36	0	36
开曼群岛	3887	3	3890	缅甸	72	0	72
科特迪瓦	4	0	4	摩尔多瓦	3	9	12
科威特	28	0	28	摩洛哥	15	20	35
克罗地亚	10	48	58	摩纳哥	64	81	145
肯尼亚	22	2	24	莫桑比克	3	0	3
库克群岛	8	0	8	墨西哥	326	37	363
库拉索	6	15	21	纳米比亚	3	0	3
拉脱维亚	15	27	42	南非	169	0	169
老挝	6	0	6	尼泊尔	4	0	4
黎巴嫩	40	3	43	尼日尔	1	0	1
立陶宛	4	17	21	尼日利亚	28	0	28

（续上表）

外国（地区）	外国(地区)申请件数	马德里申请件数	总计	外国（地区）	外国(地区)申请件数	马德里申请件数	总计
挪威	106	192	298	文莱	58	0	58
葡萄牙	138	115	253	乌克兰	22	142	164
日本	11403	2002	13405	乌拉圭	40	0	40
瑞典	711	469	1180	乌兹别克斯坦	13	3	16
瑞士	1688	3515	5203	西班牙	984	999	1983
萨尔瓦多	1	0	1	希腊	64	39	103
萨摩亚	301	0	301	新加坡	1973	232	2205
塞尔维亚	3	25	28	新西兰	861	161	1022
塞拉利昂	1	0	1	匈牙利	24	94	118
塞浦路斯	81	136	217	叙利亚	35	0	35
塞舌尔	340	2	342	牙买加	10	0	10
沙特阿拉伯	84	0	84	亚美尼亚	3	7	10
圣基茨和尼维斯	2	0	2	也门	30	0	30
圣卢西亚	2	1	3	伊拉克	91	0	91
圣马利诺	6	12	18	伊朗	152	56	208
斯里兰卡	24	0	24	以色列	338	116	454
斯洛伐克	12	66	78	意大利	2272	3126	5398
斯洛文尼亚	11	93	104	印度	286	55	341
苏丹	11	0	11	印度尼西亚	301	0	301
塔吉克斯坦	2	0	2	英国	6140	2161	8301
泰国	825	0	825	英属维尔京群岛	3712	199	3911
坦桑尼亚	11	0	11	约旦	75	0	75
特立尼达和多巴哥	37	0	37	越南	167	59	226
突尼斯	17	8	25	赞比亚	2	0	2
土耳其	175	491	666	泽西岛	15	0	15
瓦努阿图	14	0	14	直布罗陀	29	6	35
危地马拉	6	0	6	智利	352	0	352
委内瑞拉	29	0	29	合计	97497	38416	135913

2016 年度按类申请和注册商标统计表

单位：件

类别	申请				注册			
	国内	国际	马德里	合计	国内	国际	马德里	合计
1	44934	1741	1200	47875	30195	1565	981	32741
2	21832	578	339	22749	13908	560	256	14724
3	115638	9185	2254	127077	78779	6550	1564	86893
4	19316	708	457	20481	11809	729	338	12876
5	118663	5781	2311	126755	67726	4454	1678	73858
6	47473	1420	881	49774	32417	1422	695	34534
7	68979	2788	1751	73518	49241	2820	1513	53574
8	21455	1173	515	23143	12986	1080	431	14497
9	222568	8926	5435	236929	137413	8546	3684	149643
10	47511	2455	1423	51389	25107	1978	962	28047
11	97135	2958	1431	101524	66872	2678	1034	70584
12	53137	1923	1116	56176	35161	1893	734	37788
13	4962	186	60	5208	3065	151	56	3272
14	55803	2162	1038	59003	35934	1907	838	38679
15	11196	369	141	11706	6154	338	79	6571
16	68817	3228	1508	73553	39136	3182	1225	43543
17	19872	961	599	21432	13809	807	497	15113
18	53198	3446	1551	58195	35955	3111	1200	40266
19	46078	754	515	47347	31658	735	456	32849
20	78409	2010	1044	81463	51882	1700	784	54366
21	64199	2772	1041	68012	40330	2438	811	43579
22	11050	427	196	11673	7216	402	175	7793

（续上表）

类别	申请				注册			
	国内	国际	马德里	合计	国内	国际	马德里	合计
23	7037	231	87	7355	4368	173	82	4623
24	40124	1582	785	42491	27738	1521	593	29852
25	250464	6815	2707	259986	153977	5820	1705	161502
26	15688	668	257	16613	9592	583	199	10374
27	16434	503	280	17217	10935	514	201	11650
28	57397	2987	1236	61620	34763	2650	874	38287
29	162929	3660	1042	167631	97448	2919	824	101191
30	212609	5442	1464	219515	130412	3993	1149	135554
31	100695	1361	499	102555	64020	1017	367	65404
32	74200	3077	868	78145	40945	2359	649	43953
33	77604	2779	1114	81497	40716	2368	698	43782
34	10350	563	208	11121	7342	495	190	8027
35	386632	7886	3460	397978	204679	6650	2182	213511
36	76582	1512	754	78848	41686	1562	597	43845
37	45635	1162	1160	47957	30503	1165	980	32648
38	59484	1269	981	61734	32330	1223	748	34301
39	51702	1073	667	53442	31725	1128	566	33419
40	27395	776	640	28811	17693	655	572	18920
41	155563	4494	2080	162137	74539	3921	1534	79994
42	147835	3442	3055	154332	88374	3064	2138	93576
43	160287	2787	789	163863	92843	2510	582	95935
44	61710	1594	754	64058	34007	1272	573	35852
45	36246	733	498	37477	21644	889	422	22955
合计	3526827	112347	52191	3691365	2119032	97497	38416	2254945

1979-2016年商标注册申请及核准注册商标统计表

单位：件

年度	申请				核准注册			
	国内	国际	马德里	合计	国内	国际	马德里	合计
1979					27459	5130		32589
1980	26177			26177	15348	1297		16645
1981	23004			23004	15707	2049		17756
1982	17000	1565		18565	12385	4672		17057
1983	19120	1687		20807	4293	2278		6571
1984	26487	3077		29564	13252	1518		14770
1985	43445	5798		49243	19584	2084		21668
1986	45031	5939		50970	26993	5126		32119
1987	40014	4055		44069	27687	4454		32141
1988	41683	5866		47549	25448	3604		29052
1989	43202	5209		48411	31810	4625		36435
1990	50853	4371	2048	57272	25966	4036	1269	31271
1991	59124	5885	2595	67604	34501	3523	2306	40330
1992	79837	8367	2591	90795	42710	4198	1180	48088
1993	107758	21014	3551	132323	42668	3999	2059	48726
1994	117186	20238	5193	142617	47482	7803	3016	58301
1995	144610	21442	6094	172146	59895	12591	19380	91866
1996	122057	22615	7132	151804	101178	15843	11407	128428

（续上表）

年度	申请				核准注册			
	国内	国际	马德里	合计	国内	国际	马德里	合计
1997	118577	21676	8502	148755	188047	24958	10033	223038
1998	129394	18252	10037	157683	80095	14137	13478	107710
1999	140620	18883	11212	170715	96139	13896	12366	122401
2000	181717	24623	16837	223177	129441	16327	12807	158575
2001	229775	23234	17408	270417	167563	19017	16259	202839
2002	321034	37221	13681	371936	169904	23364	19265	212533
2003	405620	33912	12563	452095	206070	21188	15253	242511
2004	527591	44938	15396	587925	225394	25069	16156	266619
2005	593382	52166	18469	664017	218731	23792	16009	258532
2006	669276	56840	40203	766319	228814	25254	21573	275641
2007	604952	59714	43282	707948	215161	19159	29158	263478
2008	590525	60704	46890	698119	342498	31870	29101	403469
2009	741763	51966	36748	830477	737228	68471	31944	837643
2010	973460	67838	30889	1072187	1211428	108510	29299	1349237
2011	1273827	95831	47127	1416785	926330	66074	30294	1022698
2012	1502540	97190	48586	1648316	919951	58656	26290	1004897
2013	1733361	95177	53008	1881546	909541	59496	27687	996724
2014	2139973	93284	52101	2285358	1242840	86394	45870	1375104
2015	2699156	116687	60205	2876048	2077037	99852	49552	2226441
2016	3526827	112347	52191	3691365	2119032	97497	38416	2254945
合计	20109958	1319611	664539	22094108	12985610	991811	531427	14508848

2016 年度商标评审案件统计表

单位：件

项目	案件类型	数量
评审案件申请量	驳回商标注册申请复审	130576
	无效宣告复审	15
	异议复审	0
	不予注册复审	1280
	撤销注册商标复审	4620
	无效宣告	19640
	总计	156131
评审案件裁决量	驳回商标注册申请复审	104180
	无效宣告复审	0
	异议复审	818
	不予注册复审	1679
	撤销注册商标复审	4436
	无效宣告	14113
	总计	125226
参与行政诉讼	一审	5345
	二审	2482
	再审	197
	总计	8024
行政复议	申请量	849
	结案量	855

全国查处商标一般违法案件基本情况

单位：件、万元

项　目		案件总数(件)		其中:涉外案件(件)		案值(万元)	罚没金额(万元)	其中:立案查处(件)				收缴和销毁商标标识(件)	销毁物品(件)
		合计	其中:投诉案件	合计	其中:投诉案件			小计	其中:投诉案件	罚款10-100万元	罚款100万元以上		
合　计		3565	723	56	20	9532.11	514604	1493	491	75	1	46818	4434
注册商标使用的管理	自行改变注册商标的	33	0	1	0	39.36	—	11	0	—	—	—	—
	自行改变注册商标注册人名义、地址或其他注册事项的	15	2	0	0	8.00	—	1	1	—	—	—	—
	自行转让注册商标的	39	1	0	0	29.00	—	29	0	—	—	—	—
	商品粗制滥造、以次充好、欺骗消费者的	301	28	7	1	287.71	1787.35	47	4	1	0	—	—
未注册商标使用的管理	冒充注册商标的	2408	578	45	18	8394.13	2491.09	1056	405	62	1	2000	0
	商品粗制滥造、以次充好、欺骗消费者的	295	43	0	0	363.54	351.17	71	10	6	0	—	—
违反《商标法》第六条规定的		38	1	1	0	115.85	64.00	10	7	1	0	—	—
违反《商标法》第十条规定的		70	1	1	0	51.69	41.00	40	0	0	0	—	—
违反《商标法》第四十条第二款规定的		33	0	0	0	48.89	—	3	0	—	—	446	524
违反《商标法》第十三条规定的		30	18	0	0	24.43	—	23	18	—	—	—	—
违反《商标印制管理办法》规定的		222	25	0	0	124.77	261.83	152	24	2	0	44371	10
违法使用地理标志的		3	0	0	0	2.03	1.49	2	0	0	0	0	1000
违法使用地理标志产品专用标志的		3	0	0	0	0.89	1.64	1	0	0	0	0	0
违法使用特殊标志的		75	26	1	1	41.82	146.51	47	22	3	0	1	2900

全国查处商标侵权假冒案件基本情况（一）

单位：件、万元

项 目	案件总数（件）		其中:涉外案件（件）		案值（万元）	罚没金额（万元）	其中:立案查处（件、万元）			
	合计	其中:投诉案件小计	小计	其中:投诉案件			小计	其中:投诉案件	处罚程度 罚款10-100万元	处罚程度 罚款100万元以上
合 计	28189	9738	6214	2660	35445.00	34859.86	20074	8113	707	7
假冒商标 小 计	4670	1747	1339	746	11500.58	7190.26	3445	1533	173	0
未经注册商标所有人的许可，在相同商品上使用与其注册商标相同的商标的	2302	809	818	464	8920.35	3593.77	1683	697	53	0
伪造、擅自制造他人注册商标标识或者销售伪造、擅自制造的注册商标标识的	318	75	73	28	593.47	502.12	243	63	49	0
销售明知是假冒注册商标的商品的	2050	863	448	254	1986.76	3094.37	1519	773	71	0
商标侵权 小 计	23519	7991	4875	1914	23944.42	27669.60	16629	6580	534	7
未经注册商标所有人的许可，在相同商品上使用与其注册商标近似的商标，或者在类似商品上使用与其注册商标相同或者近似的商标的	3792	1279	956	446	6183.66	6755.92	2902	1135	112	2
销售侵犯注册商标专用权的商品的	18549	6294	3830	1438	15374.91	18838.26	12952	5084	382	4
在同一种或类似商品上，将与他人注册商标相同或者近似的标志作为商品名称或者商品装潢使用，误导公众的	363	148	43	23	921.62	518.70	235	139	7	0
故意为侵犯他人注册商标专用权行为提供仓储、运输、邮寄、隐匿便利条件的	31	4	7	1	29.38	64.50	22	1	4	0
未经商标注册人同意更换其注册商标并将该商品又投入市场的	17	6	5	0	36.71	32.93	8	4	0	0
给他人注册商标专用权造成其他损害的	169	48	8	3	623.46	182.66	106	51	3	0
侵犯地理标志所有权的	29	8	0	0	4.23	8.23	21	8	0	0
侵犯特殊标志所有权的	21	8	0	0	210.88	396.55	16	8	1	1
侵犯驰名商标权益的	548	196	26	3	559.57	871.85	367	150	25	0

全国查处商标侵权假冒案件基本情况（二）

单位：件、人

项目	其中：立案查处（件、万元）利用互联网实施侵权假冒案件		没收、销毁侵权商品（件）	没收、销毁侵权商标标识（件）	没收、销毁专门用于制造侵权商品和伪造注册商标标识的工具（件）	移送司法机关（件、人）			其中：涉外案件		
						案件数		人数			人数
	案件数	案值				合计	其中：投诉案件		合计	其中：投诉案件	
合　计	361	1116.24	8881676	3181890	2065	—	—	—	—	—	—
假冒商标 小计	76	131.99	3192590	1291158	175	203	66	188	124	43	118
未经注册商标所有人的许可，在相同商品上使用与其注册商标相同的商标的	24	24.05	2790897	532690	64	95	35	82	60	21	51
伪造、擅自制造他人注册商标标识或者销售伪造、擅自制造的注册商标标识的	1	0.00	29297	739257	75	28	8	25	11	5	11
销售明知是假冒注册商标的商品的	51	107.94	372396	19211	36	80	23	81	53	17	56
侵犯商标专用权 小计	285	984.25	5689086	1890732	1890	—	—	—	—	—	—
未经注册商标所有人的许可，在同一种商品上使用与其注册商标近似的商标或在类似商品上使用与其注册商标相同或者近似的商标的	75	70.58	3271973	1145428	74	—	—	—	—	—	—
销售侵犯注册商标专用权的商品的	193	862.92	2211100	692440	1805	—	—	—	—	—	—
在同一种或类似商品上，将与他人注册商标相同或近似的标志作为商品名称或者商品装潢使用，误导公众的	4	33.31	133373	24098	0	—	—	—	—	—	—
故意为侵犯他人注册商标专用权行为提供仓储、运输、邮寄、隐匿便利条件案件的	1	2.00	2283	350	9	—	—	—	—	—	—
未经商标注册人同意更换其注册商标并将该更换商标的商品又投入市场的	0	0.00	149	370	0	—	—	—	—	—	—
给他人注册商标专用权造成其他损害的	2	0.20	20053	1419	0	—	—	—	—	—	—
侵犯地理标志特殊标志的	1	0.09	233	8715	0	—	—	—	—	—	—
侵犯特殊标志所有权的	4	14.98	560	35	0	—	—	—	—	—	—
侵犯驰名商标权益的	5	0.17	49362	17877	2	—	—	—	—	0	—

全国各地区查处商标违法案件基本情况

单位：件、万元

地区	一般违法			侵权假冒		
	案件总数	案值总值	罚没金额	案件总数	案件总值	罚没金额
北京	7	8.7	2.82	1250	1140.28	1839.1
天津	35	128.15	55.97	332	419.70	441.82
河北	225	95.00	198.09	688	505.34	863.15
山西	26	8.13	11.03	253	94.44	148.83
内蒙古	48	16.46	37.60	128	154.94	807.26
辽宁	21	23.67	17.74	309	274.35	351.27
吉林	20	303.26	19.67	227	510.34	272.04
黑龙江	0	0	0	184	340.77	99.03
上海	26	112.63	108.63	1227	575.30	719.63
江苏	62	240.46	196.64	2038	3234.39	3813.85
浙江	284	5575.37	355.86	3643	11615.24	7702.41
安徽	115	57.80	33.04	2910	1277.39	1425.56
福建	150	110.29	104.01	1152	1387.11	2115.49
江西	28	17.83	38.72	251	404.10	402.69
山东	105	94.43	82.47	1153	775.09	1220.01
河南	412	356.96	295.45	1627	1524.03	1413.28
湖北	732	988.54	776.64	1843	1999.81	2231.6
湖南	196	403.10	298.80	486	778.21	782.57
广东	157	424.34	178.66	4004	4228.82	4842.29
广西	62	84.60	209.71	696	536.48	379.19
海南	35	37.02	26.53	162	379.54	164.37
重庆	37	12.62	68.70	237	292.17	414.32
四川	76	50.12	71.09	827	813.25	774.79
贵州	219	110.73	136.19	540	501.67	309.32
云南	56	30.28	43.92	418	413.53	321.70
西藏	21	7.62	4.69	70	91.16	58.96
陕西	182	71.14	1632.80	420	69.02	243.71
甘肃	59	55.86	38.90	255	481.28	191.97
青海	19	1.41	8.20	90	41.35	38.17
宁夏	3	0.73	1.00	126	36.41	50.32
新疆	147	104.86	92.47	643	549.49	421.16
合计	3565	9532.11	5146.04	28189	35445	34859.86

2016 年各省、自治区、直辖市商标申请与注册统计详表

说明：申请件数、注册件数指 2015.12.16–2016.12.15 的商标统计情况，其他指截至 2016.12.15 的统计情况

单位：件

地　名		申请件数	注册件数	有效注册量	地理标志商标	中国申请人马德里商标有效注册量（一标多类）
北京市		372387	213587	893743	9	1480
北京市	东城区	19882	13365	62349	0	100
	西城区	19826	11624	74879	0	191
	朝阳区	99411	57356	219011	0	386
	丰台区	31518	16100	64127	2	52
	石景山区	12309	6887	25944	0	23
	海淀区	105753	60374	233544	0	427
	门头沟区	2895	1969	9124	2	6
	房山区	6039	3213	16668	1	13
	通州区	15598	8749	37726	0	35
	顺义区	8002	5342	21884	0	58
	昌平区	14136	7163	29816	0	52
	大兴区	10177	5749	33787	1	65
	怀柔区	7177	3854	14090	1	21
	平谷区	5973	2788	11644	1	14
	亦庄经济技术开发区	3844	1591	1729	0	0
	密云县	6136	2806	10220	1	3
	延庆县	917	468	3048	0	4
天津市		34933	22504	134145	24	279
天津市	和平区	1105	930	5192	0	6
	河东区	1225	670	5056	0	4
	河西区	1764	1020	6180	0	14
	南开区	2183	1501	9396	0	9
	河北区	888	563	3763	0	4
	红桥区	729	433	3374	0	7
	东丽区	1719	1035	8518	0	13
	西青区	2356	1676	10349	1	21
	津南区	1376	751	5707	2	7
	北辰区	1772	1299	9745	0	16
	武清区	5146	2602	10898	10	26

（续上表）

地　名		申请件数	注册件数	有效注册量	地理标志商标	中国申请人马德里商标有效注册量（一标多类）
天津市	宝坻区	1041	507	3558	6	5
	滨海新区	8059	4361	21802	3	29
	科技园区	23	5	12	1	0
	宁河县	716	411	2651	0	4
	静海县	1043	981	6412	0	8
	蓟县	638	483	1919	1	0
河北省		96475	55139	291122	50	287
河北省	石家庄市	24007	15012	74746	8	73
	长安区	4344	2288	7165	–	2
	桥东区	448	610	5695	–	1
	桥西区	3450	2066	5973	–	2
	新华区	2909	1599	6085	–	5
	井陉矿区	17	8	49	–	0
	裕华区	2783	1815	6718	–	1
石家庄市	井陉县	201	97	538	–	0
	正定县	845	685	3467	–	4
	栾城区	438	297	1805	–	1
	行唐县	204	128	718	–	0
	灵寿县	165	132	650	–	0
	高邑县	85	67	501	–	1
	深泽县	592	424	1213	–	0
	赞皇县	137	78	489	–	1
	无极县	481	285	1859	–	0
	平山县	274	173	956	–	1
	元氏县	277	109	740	–	0
	赵县	418	253	1553	–	2
	辛集市	850	563	3866	–	12
	藁城区	748	433	3042	–	2
	晋州市	1047	487	3261	–	1
	新乐市	454	266	2299	–	1
	鹿泉区	362	256	1392	–	0
唐山市	唐山市	6592	3387	20274	9	40
	路南区	685	278	1603	–	0
	路北区	1012	528	2642	–	2
	古冶区	184	77	414	–	0
	开平区	251	90	673	–	2

（续上表）

地 名			申请件数	注册件数	有效注册量	地理标志商标	中国申请人马德里商标有效注册量（一标多类）
河北省	唐山市	丰南区	241	144	1041	–	3
		丰润区	648	516	2341	–	1
		曹妃甸	174	96	425	–	1
		滦县	242	94	867	–	0
		滦南县	288	186	1285	–	12
		乐亭县	186	102	609	–	1
		迁西县	285	93	755	–	5
		玉田县	666	331	2100	–	2
		南堡开发区	8	46	120	–	0
		海港开发区	42	42	135	–	0
		芦台开发区	36	40	255	–	0
		汉沽开发区	9	10	58	–	0
		遵化市	664	231	1496	–	3
		迁安市	277	138	1144	–	1
	秦皇岛市		4037	2170	12723	0	11
	秦皇岛市	海港区	1670	856	4150	–	3
		山海关区	494	381	1986	–	0
		北戴河区	66	64	429	–	0
		青龙满族自治县	122	61	274	–	0
		昌黎县	335	155	1788	–	1
		抚宁县	158	113	936	–	1
		卢龙县	126	84	593	–	0
	邯郸市		7069	3757	19379	4	11
	邯郸市	邯山区	503	219	1272	–	0
		丛台区	1154	408	1468	–	0
		复兴区	236	97	436	–	0
		峰峰矿区	114	148	534	–	0
		邯郸县	498	204	753	–	0
		临漳县	208	134	716	–	0
		成安县	140	84	431	–	0
		大名县	537	385	1538	–	1
		涉县	161	75	354	–	0
		磁县	211	119	817	–	0
		肥乡县	185	114	488	–	0
		永年县	522	388	2752	–	1
		邱县	181	106	416	–	0

（续上表）

地　名			申请件数	注册件数	有效注册量	地理标志商标	中国申请人马德里商标有效注册量（一标多类）
河北省	邯郸市	鸡泽县	225	108	757	–	0
		广平县	107	71	425	–	1
		馆陶县	480	182	833	–	0
		魏县	448	255	1376	–	0
		曲周县	386	198	1219	–	4
		武安市	279	157	1039	–	1
	邢台市		10302	6155	30840	9	16
	邢台市	桥东区	452	280	1356	–	0
		桥西区	563	317	1355	–	0
		邢台县	267	130	720	–	0
		临城县	129	73	554	–	1
		内丘县	129	95	439	–	0
		柏乡县	91	48	240	–	0
		隆尧县	542	371	2029	–	0
		任县	495	275	1649	–	0
		南和县	517	249	1235	–	2
		宁晋县	1215	709	4307	–	3
		巨鹿县	422	166	1058	–	1
		新河县	145	65	378	–	1
		广宗县	337	175	889	–	0
		平乡县	1000	634	2731	–	1
		威县	504	295	1346	–	2
		清河县	1730	1116	4986	–	1
		临西县	285	162	895	–	0
		大曹庄	15	3	69	–	0
		南宫市	738	402	1943	–	0
		沙河市	344	178	1246	–	2
	保定市		17845	9739	53169	7	68
	保定市	新市区	757	425	1979	–	0
		北市区	788	436	1763	–	0
		南市区	502	284	1212	–	1
		满城县	348	277	1898	–	0
		清苑县	615	456	2595	–	0
		涞水县	164	106	502	–	1
		阜平县	307	38	205	–	0
		徐水县	719	377	2957	–	10

（续上表）

地　名			申请件数	注册件数	有效注册量	地理标志商标	中国申请人马德里商标有效注册量（一标多类）
河北省	保定市	定兴县	329	226	1155	–	0
		唐县	216	144	582	–	0
		高阳县	764	712	4412	–	2
		容城县	442	302	1826	–	0
		涞源县	102	67	327	–	0
		望都县	167	144	644	–	0
		安新县	789	355	2708	–	3
		易县	1853	262	1189	–	1
		曲阳县	161	76	376	–	0
		蠡县	624	452	2701	–	1
		顺平县	127	82	367	–	0
		博野县	128	96	634	–	0
		雄县	433	389	2088	–	2
		涿州市	599	317	1702	–	3
		定州市	654	337	1933	–	0
		安国市	749	657	2145	–	0
		高碑店市	1594	1121	7510	–	10
	张家口市	张家口市	2577	1360	6443	2	4
	张家口市	桥东区	318	157	546	–	0
		桥西区	151	94	437	–	0
		宣化区	231	182	1031	–	0
		下花园区	32	6	34	–	0
		宣化县	58	32	305	–	2
		张北县	202	111	327	–	0
		康保县	107	30	145	–	0
		沽源县	107	54	206	–	0
		尚义县	70	36	146	–	0
		蔚县	216	134	381	–	0
		阳原县	46	40	230	–	0
		怀安县	67	18	80	–	1
		万全县	160	63	335	–	0
		怀来县	257	128	889	–	0
		涿鹿县	109	78	533	–	1
		赤城县	66	37	143	–	0
		崇礼县	111	26	193	–	0
		高新区	109	55	219	–	0

（续上表）

地　名			申请件数	注册件数	有效注册量	地理标志商标	中国申请人马德里商标有效注册量（一标多类）
		承德市	2462	1409	7084	6	5
河北省	承德市	双桥区	400	249	1061	－	0
		双滦区	112	50	266	－	0
		鹰手营子矿区	32	34	103	－	0
		承德县	152	75	524	－	0
		兴隆县	567	120	630	－	0
		平泉县	199	171	1092	－	0
		滦平县	123	83	310	－	0
		隆化县	174	276	892	－	0
		丰宁满族自治县	133	81	459	－	0
		宽城满族自治县	109	73	516	－	3
		围场满族蒙古族自治县	185	114	595	－	0
		沧州市	8846	5128	27942	3	20
	沧州市	新华区	309	220	1012	－	0
		运河区	627	351	1517	－	0
		沧县	570	440	2343	－	1
		青县	493	275	2098	－	1
		东光县	195	138	725	－	0
		海兴县	111	45	264	－	1
		盐山县	213	152	857	－	0
		肃宁县	780	359	1875	－	1
		南皮县	160	98	674	－	4
		吴桥县	89	68	318	－	0
		献县	485	289	1729	－	4
		孟村回族自治县	272	93	504	－	0
		沧州临港经济技术开发区	2	4	47	－	0
		沧州市南大港管理区	11	4	16	－	0
		泊头市	495	303	1905	－	3
		任丘市	1429	916	5132	－	1
		黄骅市	503	215	1359	－	1
		河间市	1595	923	4441	－	1
		廊坊市	7763	4529	25125	1	21
	廊坊市	安次区	521	231	1214	－	2
		广阳区	977	504	2656	－	3
		固安县	726	632	2062	－	0
		永清县	228	126	732	－	0

（续上表）

地　名			申请件数	注册件数	有效注册量	地理标志商标	中国申请人马德里商标有效注册量（一标多类）
河北省	廊坊市	香河县	425	399	2008	–	0
		大城县	546	389	2151	–	4
		文安县	705	434	3252	–	0
		大厂回族自治县	169	96	642	–	0
		霸州市	1006	674	4065	–	2
		三河市	1256	358	2463	–	2
	衡水市		4794	2308	13033	1	18
	衡水市	桃城区	935	346	1434	–	1
		枣强县	509	204	1379	–	2
		武邑县	198	145	752	–	0
		武强县	194	73	575	–	0
		饶阳县	182	78	555	–	0
		安平县	368	215	1174	–	5
		故城县	366	256	1389	–	1
		景县	271	185	1292	–	0
		阜城县	180	96	505	–	0
		冀州市	652	289	1569	–	1
		深州市	225	114	930	–	5
山西省			25980	15127	90605	46	56
	太原市		10406	6413	31538	4	21
	太原市	小店区	3940	2319	7677	–	0
		迎泽区	1892	1124	5209	–	3
		杏花岭区	907	566	3598	–	2
		尖草坪区	282	267	1426	–	0
		万柏林区	1042	685	2805	–	0
		晋源区	153	105	781	–	0
		清徐县	276	201	1451	–	4
		阳曲县	202	69	386	–	0
		娄烦县	33	4	143	–	0
		古交市	55	33	225	–	1
	大同市		1402	744	5209	3	2
	大同市	城区	549	239	890	–	0
		矿区	52	70	393	–	0
		南郊区	158	115	386	–	0
		新荣区	25	4	79	–	0
		阳高县	69	33	247	–	0

（续上表）

地　名			申请件数	注册件数	有效注册量	地理标志商标	中国申请人马德里商标有效注册量（一标多类）
山西省	大同市	天镇县	42	18	131	–	0
		广灵县	58	7	201	–	1
		灵丘县	65	29	199	–	0
		浑源县	70	26	200	–	0
		左云县	38	15	95	–	0
		大同县	109	64	174	–	0
	阳泉市		456	180	1952	1	5
	阳泉市	城区	108	29	339	–	0
		矿区	34	26	153	–	0
		郊区	80	20	242	–	0
		平定县	107	35	407	–	0
		盂县	57	29	375	–	1
	长治市		1353	1000	6008	8	2
	长治市	城区	170	76	325	–	0
		郊区	93	58	367	–	1
		长治县	91	67	546	–	0
		襄垣县	92	53	554	–	0
		屯留县	82	90	391	–	0
		平顺县	55	20	282	–	0
		黎城县	44	26	99	–	0
		壶关县	52	36	297	–	0
		长子县	62	37	275	–	0
		武乡县	83	21	164	–	0
		沁县	30	35	391	–	0
		沁源县	81	23	205	–	0
		潞城市	74	91	400	–	1
	晋城市		1349	742	4950	0	0
	晋城市	城区	427	193	859	–	0
		沁水县	76	63	312	–	0
		阳城县	211	96	1123	–	0
		陵川县	65	31	323	–	0
		泽州县	253	104	547	–	0
		高平市	158	95	738	–	0
	朔州市		455	266	2585	5	0
	朔州市	朔城区	108	89	714	–	0
		平鲁区	32	10	276	–	0

（续上表）

地 名			申请件数	注册件数	有效注册量	地理标志商标	中国申请人马德里商标有效注册量（一标多类）
山西省	朔州市	山阴县	22	27	313	–	0
		应县	68	40	319	–	0
		右玉县	71	37	232	–	0
		怀仁县	76	36	448	–	0
	晋中市		2382	1219	8030	9	7
	晋中市	榆次区	665	298	2012	–	0
		榆社县	56	18	167	–	0
		左权县	80	25	174	–	0
		和顺县	68	37	251	–	0
		昔阳县	86	37	290	–	0
		寿阳县	79	39	303	–	0
		太谷县	210	156	1135	–	2
		祁县	225	122	646	–	2
		平遥县	331	216	1444	–	2
		灵石县	138	77	528	–	0
		介休市	212	75	536	–	0
	运城市		3046	1949	12544	11	10
	运城市	盐湖区	983	656	2699	–	0
		临猗县	344	201	1266	–	3
		万荣县	184	91	573	–	0
		闻喜县	173	116	804	–	0
		稷山县	147	81	613	–	0
		新绛县	98	86	627	–	0
		绛县	111	50	321	–	0
		垣曲县	60	32	284	–	0
		夏县	184	121	496	–	0
		平陆县	43	32	244	–	0
		芮城县	206	111	864	–	3
		永济市	156	83	779	–	1
		河津市	99	73	549	–	0
	忻州市		895	495	3168	0	1
	忻州市	忻府区	221	91	555	–	0
		定襄县	98	58	337	–	1
		五台县	80	91	369	–	0
		代县	56	21	212	–	0
		繁峙县	51	35	195	–	0

（续上表）

地　名			申请件数	注册件数	有效注册量	地理标志商标	中国申请人马德里商标有效注册量（一标多类）
山西省	忻州市	宁武县	26	16	175	–	0
		静乐县	44	12	78	–	0
		神池县	26	12	115	–	0
		五寨县	28	17	86	–	0
		岢岚县	23	18	83	–	0
		河曲县	49	11	117	–	0
		保德县	25	13	80	–	0
		偏关县	31	10	66	–	0
		原平市	75	51	359	–	0
	临汾市		1902	975	6581	2	2
	临汾市	尧都区	530	254	1335	–	1
		曲沃县	178	45	270	–	0
		翼城县	73	54	290	–	0
		襄汾县	131	77	523	–	0
		洪洞县	159	59	762	–	1
		古县	31	5	79	–	0
		安泽县	29	11	140	–	0
		浮山县	13	10	105	–	0
		吉县	61	34	231	–	0
		乡宁县	80	102	393	–	0
		大宁县	12	6	41	–	0
		隰县	44	13	106	–	0
		永和县	40	20	60	–	0
		蒲县	19	8	113	–	0
		汾西县	18	16	83	–	0
		侯马市	267	134	808	–	0
		霍州市	66	62	254	–	0
	吕梁市		2327	1138	8034	1	5
	吕梁市	离石区	163	76	534	–	0
		文水县	284	125	826	–	0
		交城县	118	99	635	–	0
		兴县	59	38	161	–	1
		临县	232	130	641	–	0
		柳林县	152	90	427	–	0
		石楼县	28	13	98	–	0
		岚县	78	28	528	–	0

（续上表）

地　名			申请件数	注册件数	有效注册量	地理标志商标	中国申请人马德里商标有效注册量（一标多类）
山西省	吕梁市	方山县	125	36	274	–	0
		中阳县	78	40	154	–	0
		交口县	79	31	142	–	0
		孝义市	249	104	660	–	0
		汾阳市	640	316	2860	–	4
内蒙古自治区	内蒙古自治区		28847	17121	95854	61	68
	呼和浩特市		8234	5140	27557	8	22
	呼和浩特市	新城区	1520	858	4736	–	2
		回民区	740	766	2973	–	0
		玉泉区	721	460	2144	–	0
		赛罕区	2205	1191	4260	–	0
		土默特左旗	270	170	853	–	0
		托克托县	104	61	474	–	0
		和林格尔县	578	481	3402	–	2
		清水河县	83	42	253	–	0
		武川县	141	108	421	–	0
	包头市		3505	2439	14132	2	15
	包头市	东河区	346	256	1579	–	1
		昆都仑区	586	286	941	–	2
		青山区	739	519	3247	–	4
		石拐区	221	25	92	–	0
		白云鄂博矿区	18	13	21	–	0
		九原区	225	164	1036	–	0
		土默特右旗	206	176	778	–	0
		固阳县	143	120	439	–	0
		达尔罕茂明安联合旗	98	143	350	–	0
		稀土高新技术产业开发区	169	46	139	–	0
	乌海市		446	222	1196	1	0
	乌海市	海勃湾区	227	169	786	–	0
		海南区	44	28	157	–	0
		乌达区	128	19	166	–	0
	赤峰市		3278	1785	9324	15	1
	赤峰市	红山区	769	434	2273	–	0
		元宝山区	105	216	1226	–	0
		松山区	401	258	1041	–	0
		阿鲁科尔沁旗	102	55	262	–	1

（续上表）

地 名			申请件数	注册件数	有效注册量	地理标志商标	中国申请人马德里商标有效注册量（一标多类）
内蒙古自治区	赤峰市	巴林左旗	86	80	364	–	0
		巴林右旗	72	52	222	–	0
		林西县	43	37	259	–	0
		克什克腾旗	41	50	360	–	0
		翁牛特旗	211	156	700	–	0
		喀喇沁旗	139	50	340	–	0
		宁城县	289	154	965	–	0
		敖汉旗	223	172	725	–	0
	通辽市		1948	1049	5520	9	0
	通辽市	科尔沁区	776	426	1672	–	0
		科尔沁左翼中旗	80	66	340	–	0
		科尔沁左翼后旗	64	66	323	–	0
		开鲁县	119	70	339	–	0
		库伦旗	42	42	192	–	0
		奈曼旗	175	124	540	–	0
		扎鲁特旗	63	41	239	–	0
		霍林郭勒市	48	18	162	–	0
	鄂尔多斯市		3233	1783	15356	1	16
	鄂尔多斯市	东胜区	1328	1026	9194	–	15
		达拉特旗	357	179	1796	–	1
		准格尔旗	163	111	804	–	0
		鄂托克前旗	53	44	355	–	0
		鄂托克旗	100	51	450	–	0
		杭锦旗	114	77	400	–	0
		乌审旗	146	54	440	–	0
		伊金霍洛旗	154	56	335	–	0
		康巴什新区	163	108	938	–	0
	呼伦贝尔市		1911	1276	6026	4	11
	呼伦贝尔市	海拉尔区	460	253	949	–	5
		扎赉诺尔区	0	0	0	–	0
		阿荣旗	179	74	378	–	0
		莫力达瓦达斡尔族自治旗	44	55	254	–	1
		鄂伦春自治旗	121	116	360	–	0
		鄂温克族自治旗	65	65	293	–	0
		陈巴尔虎旗	37	52	202	–	0

（续上表）

地 名			申请件数	注册件数	有效注册量	地理标志商标	中国申请人马德里商标有效注册量（一标多类）
内蒙古自治区	呼伦贝尔市	新巴尔虎左旗	36	8	56	–	0
		新巴尔虎右旗	30	22	63	–	0
		海拉尔农牧场	0	0	0	–	5
		大兴安岭农牧场	0	0	0	–	0
		满洲里市	232	174	785	–	0
		牙克石市	120	119	1114	–	2
		扎兰屯市	147	111	616	–	0
		额尔古纳市	56	65	200	–	0
		根河市	74	101	444	–	0
	巴彦淖尔市		1800	1063	5623	6	1
	巴彦淖尔市	临河区	530	377	2335	–	0
		五原县	286	141	810	–	1
		磴口县	67	43	304	–	0
		乌拉特前旗	307	117	605	–	0
		乌拉特中旗	75	89	271	–	0
		乌拉特后旗	66	107	217	–	0
		杭锦后旗	142	132	823	–	0
	乌兰察布市		1234	746	3507	6	0
	乌兰察布市	集宁区	334	132	795	–	0
		卓资县	66	63	252	–	0
		化德县	23	38	165	–	0
		商都县	78	80	433	–	0
		兴和县	43	41	226	–	0
		凉城县	86	77	293	–	0
		察哈尔右翼前旗	115	36	177	–	0
		察哈尔右翼中旗	47	41	164	–	0
		察哈尔右翼后旗	45	24	183	–	0
		四子王旗	157	115	428	–	0
		丰镇市	96	38	247	–	0
	兴安盟		793	555	2559	1	0
	兴安盟	乌兰浩特市	301	210	1126	–	0
		阿尔山市	84	22	187	–	0
		科尔沁右翼前旗	114	62	368	–	0
		科尔沁右翼中旗	54	100	241	–	0
		扎赉特旗	81	86	319	–	0
		突泉县	98	72	298	–	0

（续上表）

地 名			申请件数	注册件数	有效注册量	地理标志商标	中国申请人马德里商标有效注册量（一标多类）
内蒙古自治区	锡林郭勒盟	锡林郭勒盟	1402	781	3365	6	2
		二连浩特市	95	37	242	–	1
		锡林浩特市	502	260	1121	–	0
		阿巴嘎旗	39	39	112	–	0
		苏尼特左旗	21	15	59	–	0
		苏尼特右旗	42	27	157	–	0
		东乌珠穆沁旗	85	62	230	–	0
		西乌珠穆沁旗	73	105	222	–	0
		太仆寺旗	144	52	314	–	0
		镶黄旗	26	14	81	–	0
		正镶白旗	22	22	139	–	0
		正蓝旗	76	38	255	–	0
		多伦县	50	51	232	–	0
		乌拉盖开发区	8	25	62	–	0
	阿拉善盟	阿拉善盟	484	226	1050	2	0
		阿拉善左旗	287	119	764	–	0
		阿拉善右旗	56	36	110	–	0
		额济纳旗	49	26	64	–	0
		阿拉善经济开发区	10	13	34	–	0
辽宁省	辽宁省		59860	36150	211146	106	379
	沈阳市	沈阳市	23461	14456	79952	5	74
		和平区	3654	2434	12033	–	2
		沈河区	3679	2457	13978	–	11
		大东区	1981	1052	6530	–	11
		皇姑区	2150	1413	7221	–	2
		铁西区	2716	1933	8794	–	6
		苏家屯区	931	452	3126	–	0
		浑南区	1435	1018	7226	–	2
		沈北新区	992	628	3619	–	1
		于洪区	1701	1090	6158	–	1
		辽中县	508	328	2027	–	0
		康平县	166	143	604	–	0
		法库县	379	223	1410	–	1
		经济技术开发区	298	222	2228	–	0
		棋盘山	11	20	181	–	0
		新民市	786	482	2440	–	0

（续上表）

地　名			申请件数	注册件数	有效注册量	地理标志商标	中国申请人马德里商标有效注册量（一标多类）
		大连市	15316	9372	58657	15	218
		中山区	2067	1476	9335	–	11
		西岗区	1322	879	6144	–	2
		沙河口区	2775	1640	8227	–	4
		甘井子区	3031	1603	9752	–	148
	大连市	旅顺口区	306	204	1387	–	1
		金州区	821	370	2985	–	0
		长海县	118	105	1843	–	0
		保税区	473	254	1117	–	0
		瓦房店市	534	342	2159	–	4
		普兰店市	386	332	2074	–	9
		庄河市	408	252	1588	–	1
		鞍山市	3299	2157	13575	3	17
		铁东区	816	314	2084		11
		铁西区	210	164	1337		0
		立山区	169	227	877		0
辽宁省	鞍山市	千山区	207	154	1168		1
		台安县	181	145	630		0
		岫岩满族自治县	259	146	749		0
		海城市	1166	812	5881	–	3
		抚顺市	1775	935	5753	4	12
		新抚区	210	116	826	–	1
		东洲区	128	71	382	–	2
		望花区	173	80	596	–	1
	抚顺市	顺城区	402	220	1245	–	1
		抚顺县	122	71	643	–	0
		新宾满族自治县	270	122	534	–	0
		清原满族自治县	157	97	600	–	0
		本溪市	1230	595	3370	17	2
		平山区	136	143	639	–	2
		溪湖区	82	114	386	–	0
		明山区	258	83	652	–	0
	本溪市	南芬区	12	11	76	–	0
		本溪满族自治县	133	64	458	–	0
		桓仁满族自治县	491	134	805	–	0
		丹东市	1702	1182	6463	10	6

（续上表）

地　名			申请件数	注册件数	有效注册量	地理标志商标	中国申请人马德里商标有效注册量（一标多类）
辽宁省	丹东市	元宝区	173	90	740	–	1
		振兴区	310	271	1618	–	3
		振安区	121	49	519	–	0
		宽甸满族自治县	180	89	609	–	0
		东港市	505	401	1589	–	2
		凤城市	278	192	904	–	0
	锦州市		1807	1100	5997	0	10
	锦州市	古塔区	223	141	739	–	0
		凌河区	291	127	837	–	0
		太和区	298	194	1286	–	2
		黑山县	263	155	701	–	0
		义县	75	76	321	–	2
		松山新区	56	67	85	–	0
		凌海市	244	114	655	–	2
		北镇市	233	139	830	–	0
	营口市		1959	1157	7270	7	4
	营口市	站前区	236	141	835	–	0
		西市区	197	102	755	–	1
		鲅鱼圈区	409	179	971	–	0
		老边区	116	99	443	–	1
		盖州市	279	207	1210	–	0
		大石桥市	468	255	1908	–	2
	阜新市		913	600	3230	0	8
	阜新市	海州区	128	74	565	–	0
		新邱区	13	8	141	–	2
		太平区	75	59	322	–	2
		清河门区	26	9	64	–	0
		细河区	79	38	304	–	1
		阜新蒙古族自治县	157	71	380	–	1
		彰武县	232	211	692	–	0
		经济开发区	28	14	90	–	0
		高新区	38	7	52	–	0
	辽阳市		1658	1149	7212	2	5
	辽阳市	白塔区	312	144	805	–	0
		文圣区	116	55	471	–	0
		宏伟区	64	50	442	–	2

（续上表）

地　名			申请件数	注册件数	有效注册量	地理标志商标	中国申请人马德里商标有效注册量（一标多类）
辽宁省	辽阳市	弓长岭区	55	9	149	–	0
		太子河区	92	75	466	–	0
		辽阳县	292	255	1721	–	3
		灯塔市	578	485	2821	–	0
	盘锦市		1613	717	4610	3	3
	盘锦市	双台子区	156	118	642	–	0
		兴隆台区	634	282	1754	–	0
		大洼县	448	169	1050	–	1
		盘山县	204	92	678	–	0
	铁岭市		2102	1163	6322	16	1
	铁岭市	银州区	330	177	1050	–	0
		清河区	56	27	322	–	1
		铁岭县	272	163	982	–	0
		西丰县	245	144	809	–	0
		昌图县	415	242	1130	–	0
		调兵山市	224	90	439	–	0
		开原市	381	221	1102	–	0
	朝阳市		1405	747	3847	1	8
	朝阳市	双塔区	238	141	752	–	0
		龙城区	142	89	455	–	5
		朝阳县	96	70	311	–	0
		建平县	221	92	548	–	0
		喀喇沁左翼蒙古族自治县	123	40	134	–	2
		北票市	277	113	537	–	0
		凌源市	199	109	495	–	1
	葫芦岛市		1583	793	4688	21	11
	葫芦岛市	连山区	250	125	730	–	0
		龙港区	221	104	744	–	1
		南票区	36	32	105	–	0
		绥中县	291	104	579	–	0
		建昌县	135	77	337	–	0
		兴城市	597	296	1820	–	5
吉林省	吉林省		30794	19948	104732	55	73
	长春市		15027	9391	46834	6	31
	长春市	南关区	2194	1194	5480	–	2
		宽城区	1449	952	4541	–	4

（续上表）

地　名			申请件数	注册件数	有效注册量	地理标志商标	中国申请人马德里商标有效注册量（一标多类）
吉林省	长春市	朝阳区	2258	1407	6640	-	2
		二道区	1173	670	3021	-	2
		绿园区	1438	756	3982	-	3
		双阳区	314	148	1119	-	0
		农安县	833	449	2024	-	0
		九台区	208	247	1468	-	0
		榆树市	433	353	1573	-	0
		德惠市	504	319	1603	-	2
	吉林市		3593	2542	15466	4	9
	吉林市	昌邑区	650	553	2471	-	0
		龙潭区	312	196	1414	-	0
		船营区	467	253	2149	-	4
		丰满区	335	259	1243	-	0
		永吉县	210	151	832	-	1
		蛟河市	307	214	1209	-	0
		桦甸市	357	231	1301	-	0
		舒兰市	227	171	965	-	0
		磐石市	307	160	1031	-	0
	四平市		2265	1362	6968	6	13
	四平市	铁西区	396	333	1293	-	4
		铁东区	250	119	821	-	3
		梨树县	470	159	888	-	0
		伊通满族自治县	163	113	618	-	1
		公主岭市	529	271	1801	-	0
		双辽市	173	78	432	-	1
	辽源市		1071	492	3461	3	3
	辽源市	龙山区	242	144	883	-	0
		西安区	312	55	618	-	0
		东丰县	181	109	687	-	0
		东辽县	136	88	461	-	1
	通化市		2317	1723	10308	11	8
	通化市	东昌区	361	185	687	-	0
		二道江区	89	58	268	-	0
		通化县	151	140	834	-	2
		辉南县	222	190	1203	-	0
		柳河县	343	208	1276	-	0

（续上表）

地 名			申请件数	注册件数	有效注册量	地理标志商标	中国申请人马德里商标有效注册量（一标多类）
吉林省	通化市	梅河口市	606	479	2509	–	2
		集安市	237	146	1002	–	3
	白山市		1405	835	4640	3	2
	白山市	浑江区	192	138	837	–	0
		江源区	114	66	343	–	0
		抚松县	466	269	1548	–	2
		靖宇县	116	104	565	–	0
		长白朝鲜族自治县	45	80	453	–	0
		临江市	205	103	475	–	0
	松原市		1406	1048	4263	8	1
	松原市	宁江区	323	301	1066	–	0
		前郭尔罗斯蒙古族自治县	197	265	923	–	0
		长岭县	144	127	599	–	1
		乾安县	99	51	246	–	0
		扶余市	193	152	946	–	0
	白城市		851	652	2985	7	2
	白城市	洮北区	232	85	451	–	0
		镇赉县	115	94	373	–	0
		通榆县	151	97	440	–	1
		洮南市	119	84	601	–	0
		大安市	140	112	466	–	1
	延边朝鲜族自治州		2675	1894	9776	6	4
	延边朝鲜族自治州	延吉市	1136	709	4194	–	3
		图们市	124	39	384	–	0
		敦化市	408	349	1620	–	0
		珲春市	283	146	720	–	0
		龙井市	186	58	551	–	1
		和龙市	96	62	408	–	0
		汪清县	160	84	530	–	0
		安图县	223	405	1195	–	0
黑龙江省	黑龙江省		42109	24615	135656	59	152
	哈尔滨市		22968	13863	72177	6	71
	哈尔滨市	道里区	3545	1681	9567	–	10
		南岗区	4887	2964	18136	–	19
		道外区	2240	1476	9025	–	5
		平房区	278	151	1476	–	2

（续上表）

地　名			申请件数	注册件数	有效注册量	地理标志商标	中国申请人马德里商标有效注册量（一标多类）
黑龙江省	哈尔滨市	松北区	622	437	1704	－	2
		香坊区	2390	1450	7580	－	16
		呼兰区	604	348	1534	－	3
		阿城区	654	463	1960	－	0
		依兰县	163	95	530	－	0
		方正县	154	75	450	－	0
		宾县	380	266	1180	－	2
		巴彦县	368	189	764	－	0
		木兰县	108	92	408	－	0
		通河县	128	65	335	－	0
		延寿县	217	83	641	－	0
		双城区	551	472	2369	－	2
		尚志市	362	308	1384	－	1
		五常市	2416	1638	5472	－	2
	齐齐哈尔市		2773	1674	10361	11	16
	齐齐哈尔市	龙沙区	213	163	1462	－	2
		建华区	247	190	1235	－	0
		铁锋区	206	83	913	－	4
		昂昂溪区	56	45	219	－	0
		富拉尔基区	42	77	523	－	2
		碾子山区	32	27	124	－	2
		梅里斯达斡尔族区	61	41	220	－	0
		龙江县	144	91	575	－	1
		依安县	171	132	559	－	0
		泰来县	169	71	359	－	0
		甘南县	118	89	527	－	0
		富裕县	106	88	561	－	0
		克山县	179	82	523	－	0
		克东县	134	131	793	－	0
		拜泉县	210	117	508	－	0
		讷河市	442	156	913	－	5
	鸡西市		1196	591	3675	2	2
	鸡西市	鸡冠区	384	117	941	－	2
		恒山区	64	22	175	－	0
		滴道区	40	23	103	－	0
		梨树区	22	17	88	－	0

（续上表）

地　名			申请件数	注册件数	有效注册量	地理标志商标	中国申请人马德里商标有效注册量（一标多类）
黑龙江省	鸡西市	城子河区	51	30	128	–	0
		麻山区	5	0	43	–	0
		鸡东县	107	88	367	–	0
		虎林市	209	145	997	–	0
		密山市	276	132	762	–	0
	鹤岗市		499	300	2259	1	2
	鹤岗市	向阳区	38	21	170	–	0
		工农区	113	65	572	–	1
		南山区	33	11	171	–	0
		兴安区	19	14	91	–	0
		东山区	41	31	210	–	1
		兴山区	16	2	45	–	0
		萝北县	110	101	592	–	0
		绥滨县	67	41	279	–	0
	双鸭山市		925	517	2790	1	0
	双鸭山市	尖山区	146	83	443	–	0
		岭东区	22	12	60	–	0
		四方台区	36	9	91	–	0
		宝山区	40	16	105	–	0
		集贤县	180	106	432	–	0
		友谊县	46	21	251	–	0
		宝清县	245	129	817	–	0
		饶河县	142	132	543	–	0
	大庆市		2861	1594	8888	4	7
	大庆市	萨尔图区	565	281	1684	–	0
		龙凤区	312	204	799	–	0
		让胡路区	488	233	1513	–	0
		红岗区	84	74	307	–	0
		大同区	112	54	301	–	0
		肇州县	131	81	427	–	1
		肇源县	210	138	628	–	1
		林甸县	210	60	433	–	1
		杜尔伯特蒙古族自治县	124	68	573	–	1
	伊春市		1119	547	3411	4	2
	伊春市	伊春区	301	96	611	–	0
		南岔区	50	38	280	–	0

（续上表）

地 名		申请件数	注册件数	有效注册量	地理标志商标	中国申请人马德里商标有效注册量（一标多类）
黑龙江省	伊春市 友好区	34	20	218	–	0
	西林区	13	7	62	–	0
	翠峦区	79	56	210	–	0
	新青区	22	12	64	–	0
	美溪区	27	11	107	–	0
	金山屯区	22	13	59	–	0
	五营区	47	14	106	–	1
	乌马河区	53	15	106	–	0
	汤旺河区	21	16	71	–	0
	带岭区	6	10	62	–	0
	乌伊岭区	19	6	23	–	0
	红星区	8	1	25	–	0
	上甘岭区	10	12	90	–	0
	嘉荫县	32	17	117	–	0
	铁力市	299	178	1046	–	1
	佳木斯市	2279	1240	7126	5	6
	佳木斯市 向阳区	283	193	1073	–	1
	前进区	83	102	872	–	1
	东风区	76	77	614	–	0
	郊区	158	125	1014	–	0
	桦南县	127	86	487	–	0
	桦川县	71	81	587	–	0
	汤原县	99	79	472	–	0
	抚远县	48	28	173	–	0
	同江市	131	68	327	–	3
	富锦市	378	120	816	–	0
	七台河市	369	276	1283	0	1
	七台河市 新兴区	66	58	338	–	1
	桃山区	91	75	355	–	0
	茄子河区	71	32	167	–	0
	勃利县	122	105	392	–	0
	牡丹江市	2630	1451	9699	5	25
	牡丹江市 东安区	272	154	1156	–	2
	阳明区	202	104	790	–	0
	爱民区	171	87	889	–	0
	西安区	321	169	1366	–	0

（续上表）

地 名			申请件数	注册件数	有效注册量	地理标志商标	中国申请人马德里商标有效注册量（一标多类）
黑龙江省	牡丹江市	东宁县	178	107	538	–	5
		林口县	128	124	516	–	0
		绥芬河市	518	284	1204	–	16
		海林市	261	128	1087	–	0
		宁安市	236	174	1186	–	1
		穆棱市	201	87	530	–	0
	黑河市		1025	486	3173	5	2
	黑河市	爱辉区	205	77	440	–	0
		嫩江县	205	128	605	–	0
		逊克县	73	26	172	–	0
		孙吴县	47	29	126	–	0
		北安市	132	73	668	–	0
		五大连池市	206	114	899	–	0
	绥化市		2908	1758	9027	10	12
	绥化市	北林区	532	319	1488	–	2
		望奎县	189	129	561	–	0
		兰西县	177	112	698	–	0
		青冈县	142	87	367	–	0
		庆安县	121	126	729	–	0
		明水县	117	83	393	–	0
		绥棱县	149	84	552	–	0
		安达市	189	167	847	–	0
		肇东市	573	319	1526	–	0
		海伦市	257	171	1153	–	10
	大兴安岭地区		533	308	1661	5	0
	大兴安岭地区	加格达奇区	248	169	811	–	0
		松岭区	71	13	65	–	0
		新林区	25	20	81	–	0
		呼中区	16	8	38	–	0
		呼玛县	43	14	103	–	0
		塔河县	43	31	201	–	0
		漠河县	57	37	325	–	0
上海市	上海市		257616	158380	697251	13	1207
		黄浦区	5414	3782	19141	–	30
		徐汇区	10776	6756	24811	–	47
		长宁区	8502	5018	19963	–	20

155

（续上表）

地　名		申请件数	注册件数	有效注册量	地理标志商标	中国申请人马德里商标有效注册量（一标多类）
上海市	静安区	4606	1410	9925	–	5
	普陀区	9239	6003	23104	–	27
	闸北区	4005	3369	13804	–	13
	虹口区	8062	4033	13852	–	4
	杨浦区	11037	5922	22617	–	25
	闵行区	18740	12144	57516	–	91
	宝山区	13154	7712	26269	–	22
	嘉定区	25293	18234	72929	4	114
	浦东新区	54178	30316	126121	1	281
	金山区	17529	12347	58632	–	33
	松江区	14514	8922	48530	1	103
	青浦区	12811	7352	40441	–	72
	奉贤区	23979	12679	48808	1	78
	崇明县	9453	6370	16304	6	4
江苏省		209900	125314	743670	253	1852
江苏省	南京市	42404	28618	127303	6	314
	玄武区	3756	2789	12331	–	11
南京市	秦淮区	5499	3921	19463	–	37
	建邺区	4360	2489	9325	–	29
	鼓楼区	4634	3285	17142	–	43
	浦口区	2926	1513	6163	–	5
	栖霞区	3446	3004	8034	–	6
	雨花台区	2939	1863	6044	–	17
	江宁区	5998	3851	16250	–	25
	六合区	2142	1386	5271	–	6
	溧水区	742	534	3170	–	9
	高淳区	977	664	3845	–	40
	无锡市	22533	13146	101825	11	284
	崇安区	779	356	1136	–	0
	南长区	1456	701	2585	–	3
无锡市	北塘区	636	447	1812	–	0
	锡山区	2173	1554	12494	–	26
	惠山区	1591	1072	5954	–	12
	滨湖区	2636	1316	5981	–	0
	新区	2272	1507	7260	–	1
	江阴市	4665	2863	30671	–	95

（续上表）

地　名		申请件数	注册件数	有效注册量	地理标志商标	中国申请人马德里商标有效注册量（一标多类）
无锡市	宜兴市	2327	1513	13618	–	51
	徐州市	12186	5958	28972	6	37
徐州市	鼓楼区	541	264	638	–	1
	云龙区	1201	577	1246	–	1
	贾汪区	391	226	1014	–	0
	泉山区	1677	630	1476	–	0
	铜山区	731	524	2722	–	10
	丰县	1658	768	3678	–	0
	沛县	877	307	2145	–	2
	睢宁县	1333	504	2393	–	1
	新沂市	864	446	2423	–	1
	邳州市	1435	713	3334	–	3
江苏省	常州市	14733	9096	58722	8	191
常州市	天宁区	1575	853	4644	–	5
	钟楼区	1948	1287	5379	–	1
	戚墅堰区	179	99	808	–	4
	新北区	3690	2423	12559	–	45
	武进区	4656	2983	21404	–	73
	溧阳市	963	541	4550	–	13
	金坛市	647	468	3932	–	5
	苏州市	57625	30622	178798	13	435
苏州市	虎丘区	2148	523	1016	–	7
	吴中区	4458	3318	13901	–	41
	相城区	2296	1311	9212	–	23
	姑苏区	3066	1366	5102	–	4
	吴江区	3511	1922	14207	–	27
	工业园区	8624	4408	18085	–	0
	常熟市	12041	4538	32834	–	64
	张家港市	3034	2087	22810	–	41
	昆山市	6795	4471	24574	–	72
	太仓市	1809	1011	8819	–	15
	南通市	14129	9183	61496	20	178
南通市	崇川区	2642	1519	3329	–	3
	港闸区	1030	460	1669	–	2
	通州区	1673	1101	10229	–	37
	海安县	1160	680	5739	–	19

（续上表）

地　名			申请件数	注册件数	有效注册量	地理标志商标	中国申请人马德里商标有效注册量（一标多类）
江苏省	南通市	如东县	1236	732	5526	–	17
		启东市	1076	879	6819	–	30
		如皋市	1474	785	6369	–	23
		海门市	1627	1086	9138	–	16
	连云港市		4730	2842	17494	10	17
	连云港市	连云区	125	239	3463	–	1
		海州区	1245	920	4928	–	3
		赣榆区	621	316	2378	–	1
		东海县	1174	550	3229	–	2
		灌云县	470	326	1662	–	1
		灌南县	349	166	1404	–	0
	淮安市		6229	4364	21825	116	47
	淮安市	清河区	836	347	1176	–	0
		楚州区	195	140	1695	–	3
		淮阴区	588	381	3010	–	10
		清浦区	242	113	786	–	2
		涟水县	784	400	2751	–	5
		洪泽县	474	694	2182	–	3
		盱眙县	919	608	3001	–	7
		金湖县	539	453	2194	–	13
	盐城市		8435	4845	30075	28	80
	盐城市	亭湖区	742	420	2162	–	6
		盐都区	826	443	2869	–	6
		响水县	417	300	1547	–	5
		滨海县	678	253	1641	–	1
		阜宁县	688	404	2576	–	0
		射阳县	1252	472	3385	–	10
		建湖县	603	467	2940	–	19
		盐城经济开发区	76	23	98	–	0
		东台市	843	487	3717	–	12
		大丰市	791	554	3534	–	8
	扬州市		8376	5866	48101	9	99
	扬州市	广陵区	1499	870	2979	–	5
		邗江区	1686	998	6146	–	8
		维扬区	82	105	981	–	0
		江都区	1161	633	7862	–	13

（续上表）

地 名			申请件数	注册件数	有效注册量	地理标志商标	中国申请人马德里商标有效注册量（一标多类）
江苏省	扬州市	宝应县	887	795	6159	–	31
		仪征市	481	401	3803	–	4
		高邮市	878	828	5938	–	11
	镇江市		5850	3625	24645	9	66
	镇江市	京口区	464	304	660	–	3
		润州区	426	229	509	–	0
		丹徒区	357	403	2265	–	6
		丹阳市	2675	1528	11677	–	27
		扬中市	355	206	2484	–	8
		句容市	689	363	2538	–	1
	泰州市		5913	3389	26405	13	77
	泰州市	海陵区	859	361	1901	–	2
		高港区	408	214	1413	–	1
		姜堰区	753	496	3753	–	6
		兴化市	1489	833	5134	–	17
		靖江市	805	647	5869	–	16
		泰兴市	749	479	4240	–	6
	宿迁市		6690	3696	16745	4	27
	宿迁市	宿城区	1048	542	1886	–	0
		宿豫区	514	419	1651	–	0
		沭阳县	2459	1153	5862	–	1
		泗阳县	573	333	1880	–	2
		泗洪县	922	418	2361	–	7
浙江省	浙江省		327572	193348	1315742	201	4710
	杭州市		101919	60522	297409	26	628
	杭州市	上城区	7602	4231	17197	–	32
		下城区	6003	4450	22542	–	19
		江干区	14419	6939	26774	–	36
		拱墅区	6963	4333	22690	–	21
		西湖区	16885	11215	48205	–	50
		滨江区	13687	8914	30402	–	41
		萧山区	7497	4893	33980	–	96
		余杭区	12575	6779	28562	–	82
		桐庐县	1027	572	4105	–	5
		淳安县	876	440	3171	–	13
		建德市	777	561	4000	–	13

（续上表）

地　名		申请件数	注册件数	有效注册量	地理标志商标	中国申请人马德里商标有效注册量（一标多类）
杭州市	富阳区	1962	1242	8801	–	32
	临安市	1477	812	6927	–	26
宁波市		35295	21401	159347	27	1039
宁波市	海曙区	2789	1567	11439	–	22
	江东区	2134	1478	10090	–	31
	江北区	2059	901	6586	–	38
	北仑区	2470	1483	9287	–	74
	镇海区	1794	1162	6718	–	37
	鄞州区	7032	3860	27106	–	168
	象山县	982	526	4222	–	32
	宁海县	1536	1102	7757	–	32
	宁波保税区	841	392	2520	–	0
	大榭开发区	88	70	798	–	0
	宁波国家高新区	985	742	4016	–	7
	余姚市	3156	2310	19255	–	196
	慈溪市	5467	3518	32970	–	208
	奉化市	1169	738	7504	–	59
温州市		53330	30001	257242	–	896
温州市	鹿城区	7408	3500	21902	–	62
	龙湾区	3545	1885	17471	–	63
	瓯海区	4120	2640	24174	–	85
	洞头县	237	153	1234	–	5
	永嘉县	4022	2425	26447	–	77
	平阳县	3553	1827	16256	–	26
	苍南县	4428	2529	19006	–	22
	文成县	1435	692	4446	–	11
	泰顺县	1406	469	2322	–	2
	瑞安市	11307	5532	46319	–	154
	乐清市	7484	4518	42950	–	139
嘉兴市		21046	12967	89818	11	212
嘉兴市	南湖区	2126	1175	6514	–	15
	秀洲区	2413	1529	10478	–	8
	嘉善县	1118	780	5375	–	35
	海盐县	2244	1233	10034	–	24
	海宁市	3355	2827	20426	–	31
	平湖市	1715	998	6426	–	35

浙江省

（续上表）

地　名		申请件数	注册件数	有效注册量	地理标志商标	中国申请人马德里商标有效注册量（一标多类）
嘉兴市	桐乡市	6000	2935	19218	–	29
湖州市		8576	5178	36847	10	175
湖州市	吴兴区	1638	670	2165	–	3
	南浔区	950	646	4603	–	3
	德清县	1176	789	5840	–	31
	长兴县	1279	963	7564	–	28
	安吉县	1494	1064	7254	–	59
绍兴市		14980	9597	85686	14	238
绍兴市	越城区	2132	1055	5368	–	7
	柯桥区	2560	1413	15716	–	20
	新昌县	1152	638	5642	–	30
	诸暨市	4111	2844	30801	–	72
	上虞区	1263	879	7831	–	45
	嵊州市	1740	1112	9695	–	18
金华市		54460	28785	197459	20	530
金华市	婺城区	3409	1679	6925	–	6
	金东区	2002	998	5445	–	16
	武义县	2476	1288	9613	–	53
	浦江县	1656	1066	10286	–	60
	磐安县	746	441	2710	–	3
	兰溪市	1171	695	5499	–	18
	义乌市	28018	12772	88165	–	189
	东阳市	5632	2675	20070	–	37
	永康市	8150	6021	39560	–	105
衢州市		4782	3150	20123	11	56
衢州市	柯城区	696	502	2209	–	3
	衢江区	721	513	2596	–	9
	常山县	334	258	1772	–	0
	开化县	444	323	1934	–	2
	龙游县	476	316	2791	–	20
	江山市	1273	932	6324	–	10
舟山市		1070	749	5346	19	17
舟山市	定海区	543	256	2145	–	5
	普陀区	231	304	1989	–	3
	岱山县	114	56	606	–	3
	嵊泗县	13	11	115	–	1

（浙江省）

（续上表）

地　名			申请件数	注册件数	有效注册量	地理标志商标	中国申请人马德里商标有效注册量（一标多类）
浙江省	台州市	台州市	24484	16483	136822	26	846
		椒江区	3163	2474	17152	–	83
		黄岩区	3585	2208	17296	–	60
		路桥区	3107	1944	22066	–	119
		玉环县	2625	1743	15717	–	153
		三门县	504	409	3578	–	22
		天台县	1471	995	7410	–	34
		仙居县	806	516	4336	–	34
		温岭市	5220	3244	30725	–	206
		临海市	2809	2044	13763	–	59
	丽水市	丽水市	6996	4392	29436	24	73
		莲都区	1207	657	2717	–	1
		青田县	987	537	4029	–	6
		缙云县	1432	1015	6015	–	15
		遂昌县	473	353	1743	–	6
		松阳县	329	234	1250	–	7
		云和县	365	189	1228	–	3
		庆元县	569	414	2756	–	4
		景宁畲族自治县	324	236	1005	–	3
		龙泉市	954	517	4043	–	4
安徽省	安徽省		88042	47643	239666	100	385
	合肥市	合肥市	28955	16133	74764	5	171
		瑶海区	3451	1822	6366	–	0
		庐阳区	2751	1924	7074	–	4
		蜀山区	5964	2874	8993	–	23
		包河区	3924	2392	7667	–	4
		长丰县	903	381	1703	–	0
		肥东县	980	627	3091	–	1
		肥西县	821	371	2628	–	4
		庐江县	586	232	1677	–	2
		巢湖市	1089	775	5846	–	9
	芜湖市	芜湖市	9190	4282	19685	6	62
		镜湖区	1613	478	1925	–	2
		弋江区	1414	402	1467	–	3
		鸠江区	967	524	1325	–	4
		三山区	313	147	1095	–	8

（续上表）

地　名			申请件数	注册件数	有效注册量	地理标志商标	中国申请人马德里商标有效注册量（一标多类）
安徽省	芜湖市	芜湖县	1373	581	2601	–	6
		繁昌县	729	450	1977	–	2
		南陵县	888	601	2456	–	3
		无为县	734	524	2391	–	1
	蚌埠市		2797	1730	8915	2	7
	蚌埠市	龙子湖区	188	105	340	–	0
		蚌山区	397	145	454	–	0
		禹会区	312	122	388	–	0
		淮上区	191	115	430	–	1
		怀远县	581	348	1961	–	1
		五河县	298	137	976	–	0
		固镇县	177	138	805	–	0
	淮南市		1759	996	5808	1	7
	淮南市	大通区	89	70	317	–	1
		田家庵区	430	263	1103	–	0
		谢家集区	151	84	436	–	0
		八公山区	44	16	189	–	1
		潘集区	140	77	411	–	0
		凤台县	317	124	843	–	0
	马鞍山市		2163	1309	7470	2	26
	马鞍山市	花山区	347	249	1318	–	0
		雨山区	297	227	1008	–	2
		博望区	139	111	337	–	2
		当涂县	287	206	1487	–	5
		含山县	237	116	1128	–	0
		和县	341	151	1079	–	1
	淮北市		1170	786	4262	1	1
	淮北市	杜集区	122	45	235	–	0
		相山区	445	230	1011	–	1
		烈山区	86	24	279	–	0
		濉溪县	409	268	1252	–	0
	铜陵市		1776	886	5064	5	6
	铜陵市	铜官区	224	168	715	–	0
		义安区	264	183	1013	–	0
	安庆市		6039	3227	18889	13	17
	安庆市	迎江区	385	185	680	–	0

（续上表）

地　名			申请件数	注册件数	有效注册量	地理标志商标	中国申请人马德里商标有效注册量（一标多类）
安徽省	安庆市	大观区	237	116	604	–	0
		宜秀区	244	116	552	–	0
		怀宁县	447	301	2518	–	1
		潜山县	523	290	1746	–	0
		太湖县	841	381	1958	–	3
		宿松县	648	335	2008	–	1
		望江县	354	221	1035	–	0
		岳西县	340	235	1602	–	4
		桐城市	1108	682	4126	–	3
	黄山市		2862	1212	6897	4	7
	黄山市	屯溪区	585	362	1616	–	1
		黄山区	304	134	1324	–	1
		徽州区	182	113	657	–	2
		歙县	1020	172	1075	–	2
		休宁县	198	151	846	–	0
		黟县	135	48	311	–	0
		祁门县	236	151	757	–	0
	滁州市		3118	1862	13789	4	10
	滁州市	琅琊区	233	118	766	–	0
		南谯区	148	132	521	–	0
		来安县	324	202	1552	–	1
		全椒县	227	128	1036	–	0
		定远县	398	226	1620	–	0
		凤阳县	395	190	1892	–	1
		天长市	755	500	3755	–	7
		明光市	286	157	1107	–	0
	阜阳市		7983	4368	18764	7	15
	阜阳市	颍州区	1082	639	2410	–	1
		颍东区	491	239	1169	–	2
		颍泉区	1078	850	2128	–	0
		临泉县	909	442	2086	–	2
		太和县	1569	652	2769	–	6
		阜南县	897	551	2644	–	1
		颍上县	796	372	1668	–	0
		界首市	684	268	1698	–	1
	宿州市		4393	2026	9016	5	4

（续上表）

地 名			申请件数	注册件数	有效注册量	地理标志商标	中国申请人马德里商标有效注册量（一标多类）
安徽省	宿州市	埇桥区	867	443	1365	–	0
		砀山县	1490	444	1612	–	1
		萧县	521	252	1255	–	0
		灵璧县	484	236	1226	–	0
		泗县	352	217	1229	–	1
	六安市		4427	2686	13570	35	24
	六安市	金安区	364	243	1113	–	1
		裕安区	633	285	1420	–	2
		霍邱县	920	531	2456	–	3
		舒城县	650	435	2507	–	1
		金寨县	774	399	1726	–	0
		霍山县	433	346	1626	–	7
		叶集	75	31	303	–	0
	亳州市		6789	3329	15711	0	12
	亳州市	谯城区	3176	1398	5218	–	0
		涡阳县	862	463	2846	–	1
		蒙城县	894	522	2145	–	0
		利辛县	777	442	2117	–	1
	池州市		2006	1326	7842	3	10
	池州市	贵池区	659	242	1583	–	4
		东至县	462	182	1344	–	2
		石台县	116	84	787	–	1
		青阳县	275	108	1084	–	2
		九华山风景区	317	523	1032	–	0
	宣城市		2465	1419	9105	6	9
	宣城市	宣州区	560	293	1622	–	0
		郎溪县	243	139	799	–	2
		广德县	379	153	1354	–	2
		泾县	323	253	1400	–	2
		绩溪县	154	98	709	–	1
		旌德县	177	119	578	–	1
		宁国市	379	209	1846	–	1
福建省	福建省		175392	102858	616693	311	1611
	福州市		27839	20181	108002	23	234
	福州市	鼓楼区	6268	4805	24880	–	49
		台江区	3211	2699	13392	–	16

（续上表）

地　名			申请件数	注册件数	有效注册量	地理标志商标	中国申请人马德里商标有效注册量（一标多类）
福建省	福州市	仓山区	4987	3539	15271	–	29
		马尾区	1787	829	3078	–	4
		晋安区	2979	2081	11689	–	12
		闽侯县	1404	1125	5877	–	34
		连江县	585	364	2951	–	1
		罗源县	196	130	778	–	1
		闽清县	502	363	2250	–	6
		永泰县	375	508	1678	–	1
		平潭县	979	554	2199	–	1
		福清市	1773	1302	9167	–	26
		长乐市	1143	768	4956	–	10
	厦门市		53639	28677	136779	4	377
	厦门市	思明区	22365	12620	57882	–	70
		海沧区	2887	1502	6995	–	34
		湖里区	14257	7316	31765	–	60
		集美区	3284	1807	9864	–	47
		同安区	2712	1786	10273	–	23
		翔安区	1382	999	4354	–	11
	莆田市		13698	6700	33576	9	45
	莆田市	城厢区	1813	1233	5886	–	5
		涵江区	1769	668	4889	–	7
		荔城区	5656	2304	8665	–	12
		秀屿区	2348	1021	4991	–	12
		仙游县	1777	1110	6828	–	2
	三明市		3081	1944	12926	26	53
	三明市	梅列区	380	205	1471	–	19
		三元区	259	171	1233	–	3
		明溪县	137	83	686	–	19
		清流县	144	91	571	–	3
		宁化县	210	111	969	–	2
		大田县	310	153	1055	–	1
		尤溪县	428	276	1527	–	8
		沙县	227	167	1219	–	4
		将乐县	130	88	527	–	1
		泰宁县	90	112	705	–	0
		建宁县	249	132	744	–	2

（续上表）

地　名		申请件数	注册件数	有效注册量	地理标志商标	中国申请人马德里商标有效注册量（一标多类）
三明市	永安市	406	310	1862	–	4
	泉州市	48470	29093	222079	26	703
泉州市	鲤城区	2819	1598	11336	–	42
	丰泽区	5599	3557	18165	–	47
	洛江区	1367	679	4824	–	19
	泉港区	973	576	3165	–	3
	惠安县	1882	1267	11171	–	53
	安溪县	3336	2157	17927	–	14
	永春县	776	536	3227	–	2
	德化县	1728	1116	4843	–	9
	金门县	0	0	11	–	0
	石狮市	6707	3319	30813	–	82
	晋江市	13779	8501	70626	–	251
	南安市	7511	4609	36273	–	95
	漳州市	11744	6484	39362	104	86
漳州市	芗城区	2347	1358	7880	–	10
	龙文区	1074	585	2671	–	6
	云霄县	589	249	1337	–	0
	漳浦县	1190	677	3641	–	4
	诏安县	1133	374	1451	–	4
	长泰县	354	479	2322	–	9
	东山县	314	128	679	–	3
	南靖县	564	285	2377	–	1
	平和县	863	591	2970	–	1
	华安县	148	148	1084	–	1
	龙海市	2117	1138	7402	–	8
	南平市	5775	3371	22413	32	44
南平市	延平区	448	225	1733	–	1
	顺昌县	175	98	920	–	3
	浦城县	338	226	1283	–	4
	光泽县	168	68	544	–	0
	松溪县	226	111	886	–	1
	政和县	403	238	1468	–	1
	邵武市	318	198	1313	–	8
	武夷山市	2537	1526	8796	–	13
	建瓯市	464	287	2278	–	2

（续上表）

地　名		申请件数	注册件数	有效注册量	地理标志商标	中国申请人马德里商标有效注册量（一标多类）
南平市	建阳区	505	225	1530	–	2
	龙岩市	4259	2567	18122	28	34
福建省	新罗区	1442	694	4668	–	8
	长汀县	827	679	2531	–	4
	永定区	394	187	1880	–	7
龙岩市	上杭县	361	232	3017	–	3
	武平县	376	302	1622	–	1
	连城县	385	215	1414	–	4
	漳平市	230	134	1203	–	2
	宁德市	6233	3717	23222	60	35
	蕉城区	640	376	2179	–	2
	霞浦县	432	315	1754	–	1
	古田县	572	349	1764	–	0
	屏南县	222	116	781	–	0
宁德市	寿宁县	232	157	1042	–	1
	周宁县	194	119	914	–	1
	柘荣县	302	168	1123	–	0
	福安市	1431	897	6894	–	22
	福鼎市	1840	964	5156	–	4
江西省		57838	31563	162765	52	113
	南昌市	17131	9186	44179	1	36
	东湖区	1155	841	3505	–	0
	西湖区	1800	1482	5654	–	2
	青云谱区	944	600	2178	–	1
	湾里区	176	151	678	–	0
江西省	青山湖区	1553	1159	3816	–	1
南昌市	南昌县	1496	909	4301	–	2
	新建县	628	487	2055	–	0
	安义县	502	306	1737	–	0
	进贤县	4281	517	3377	–	4
	高新区	629	1008	5109	–	0
	景德镇市	2146	1183	5820	6	3
	昌江区	444	165	458	–	0
景德镇市	珠山区	642	371	1238	–	0
	浮梁县	268	178	834	–	1
	乐平市	440	255	1085	–	0

（续上表）

地　名			申请件数	注册件数	有效注册量	地理标志商标	中国申请人马德里商标有效注册量（一标多类）
		萍乡市	1445	844	4326	1	1
	萍乡市	安源区	399	237	1003	–	0
		湘东区	169	94	475	–	0
		莲花县	144	94	525	–	0
		上栗县	293	144	846	–	1
		芦溪县	240	119	544	–	0
		九江市	5532	3019	15942	6	13
	九江市	庐山区	712	274	1132	–	1
		浔阳区	212	165	881	–	2
		九江县	245	121	653	–	1
		武宁县	295	196	1195	–	0
		修水县	1169	584	2693	–	1
		永修县	325	236	1328	–	0
		德安县	117	85	540	–	0
江西省		星子县	250	130	927	–	0
		都昌县	614	251	1638	–	2
		湖口县	264	203	652	–	2
		彭泽县	358	326	1401	–	1
		开发区	192	70	348	–	0
		瑞昌市	224	166	764	–	0
		共青城市	105	46	621	–	0
		新余市	1143	692	3105	1	4
	新余市	渝水区	642	347	1068	–	0
		分宜县	188	93	613	–	0
		高新区	57	48	117	–	0
		仙女湖区	27	13	72	–	0
		鹰潭市	1404	705	4368	0	3
	鹰潭市	月湖区	266	160	856	–	2
		余江县	354	149	1074	–	1
		贵溪市	528	285	1374	–	0
		赣州市	9101	5154	26672	15	8
	赣州市	章贡区	1234	750	3238	–	2
		赣县	369	222	1382	–	2
		信丰县	377	204	1152	–	0
		大余县	140	79	632	–	0
		上犹县	325	145	747	–	0

（续上表）

地　名			申请件数	注册件数	有效注册量	地理标志商标	中国申请人马德里商标有效注册量（一标多类）
江西省	赣州市	崇义县	117	111	559	–	0
		安远县	333	167	616	–	0
		龙南县	183	84	556	–	0
		定南县	210	122	393	–	0
		全南县	120	70	404	–	0
		宁都县	882	478	1951	–	1
		于都县	702	352	2232	–	1
		兴国县	340	223	1509	–	0
		会昌县	272	193	715	–	0
		寻乌县	307	129	471	–	0
		石城县	293	139	670	–	0
		瑞金市	617	328	1738	–	2
		南康区	1195	797	4814	–	0
	吉安市		4048	2302	12567	9	10
	吉安市	吉州区	389	152	936	–	0
		青原区	250	120	642	–	2
		吉安县	247	119	658	–	0
		吉水县	235	110	814	–	1
		峡江县	119	71	562	–	0
		新干县	309	214	1433	–	0
		永丰县	717	604	2291	–	1
		泰和县	353	228	1122	–	1
		遂川县	403	159	955	–	0
		万安县	152	91	538	–	0
		安福县	223	100	677	–	1
		永新县	156	104	783	–	0
		井冈山市	199	70	653	–	2
	宜春市		5144	2923	17577	3	17
	宜春市	袁州区	770	413	1569	–	0
		奉新县	193	120	862	–	5
		万载县	331	152	945	–	2
		上高县	180	176	1029	–	3
		宜丰县	310	119	986	–	1
		靖安县	266	99	585	–	0
		铜鼓县	83	44	341	–	1
		丰城市	741	470	2287	–	0

（续上表）

地　名			申请件数	注册件数	有效注册量	地理标志商标	中国申请人马德里商标有效注册量（一标多类）
江西省	宜春市	樟树市	1353	897	5357	–	2
		高安市	595	274	2409	–	2
	抚州市		3571	2043	9583	4	5
	抚州市	临川区	505	275	2063	–	2
		南城县	471	424	1042	–	0
		黎川县	178	128	668	–	0
		南丰县	161	131	795	–	2
		崇仁县	172	84	485	–	0
		乐安县	200	185	607	–	0
		宜黄县	284	77	485	–	0
		金溪县	127	126	657	–	0
		资溪县	385	69	374	–	0
		东乡县	362	189	994	–	0
		广昌县	159	95	420	–	0
		金巢区	41	121	371	–	0
	上饶市		7166	3505	18494	6	13
	上饶市	信州区	913	369	1951	–	0
		上饶县	670	343	2084	–	0
		广丰县	508	332	2057	–	1
		玉山县	490	293	1652	–	0
		铅山县	339	197	932	–	1
		横峰县	174	90	511	–	0
		弋阳县	304	197	981	–	0
		余干县	480	356	1312	–	0
		鄱阳县	1789	559	2407	–	2
		万年县	234	122	887	–	0
		婺源县	442	283	1428	–	0
		德兴市	261	124	1049	–	0
山东省	山东省		184490	109047	592018	489	2487
	济南市		29444	18798	90939	32	128
	济南市	历下区	5966	3503	15455	–	14
		市中区	3505	2503	9211	–	8
		槐荫区	2831	1705	7118	–	8
		天桥区	4574	2931	12191	–	8
		历城区	3848	2415	13456	–	8
		长清区	734	491	2728	–	2

（续上表）

地 名			申请件数	注册件数	有效注册量	地理标志商标	中国申请人马德里商标有效注册量（一标多类）
山东省	济南市	平阴县	670	279	1795	–	8
		济阳县	551	312	1974	–	2
		商河县	409	280	1884	–	1
		章丘市	1333	913	4651	–	13
	青岛市		37195	21718	112619	15	1551
	青岛市	市南区	5079	3192	18869	–	57
		市北区	3823	2981	14846	–	115
		黄岛区	4842	1859	7584	–	106
		崂山区	3567	2109	10736	–	48
		李沧区	2499	1509	6490	–	127
		城阳区	4634	2403	11126	–	131
		保税区	471	296	2097	–	4
		胶州市	2256	889	6691	–	249
		即墨市	3481	2206	11926	–	230
		平度市	2018	794	5248	–	69
		莱西市	1386	928	5477	–	271
	淄博市		7370	4519	31840	39	70
	淄博市	淄川区	896	558	4712	–	1
		张店区	2283	1062	6638	–	3
		博山区	486	564	2966	–	7
		临淄区	715	366	3366	–	5
		周村区	585	469	3769	–	3
		桓台县	322	227	2366	–	7
		高青县	295	177	1345	–	5
		沂源县	436	269	2319	–	8
	枣庄市		3643	1998	13722	5	14
	枣庄市	市中区	909	436	3137	–	2
		薛城区	369	195	1116	–	1
		峄城区	274	130	941	–	1
		台儿庄区	259	116	859	–	0
		山亭区	370	209	1694	–	1
		滕州市	1323	805	5194	–	5
	东营市		2617	1798	12311	5	232
	东营市	东营区	1096	657	3903	–	62
		河口区	183	197	1123	–	0
		垦利县	176	232	1017	–	22

（续上表）

地　名			申请件数	注册件数	有效注册量	地理标志商标	中国申请人马德里商标有效注册量（一标多类）
东营市		利津县	130	79	607	–	16
		广饶县	603	469	4006	–	81
山东省	烟台市		12985	7956	46077	40	112
	烟台市	芝罘区	3840	2541	12188	–	20
		福山区	706	264	1585	–	4
		牟平区	488	304	1997	–	1
		莱山区	1027	521	2552	–	2
		长岛县	90	38	254	–	0
		龙口市	1319	849	4601	–	9
		莱阳市	1076	358	2584	–	5
		莱州市	565	354	3274	–	4
		蓬莱市	731	517	3970	–	5
		招远市	453	312	2712	–	17
		栖霞市	507	300	1567	–	2
		海阳市	534	267	1610	–	2
	潍坊市		16646	10063	53711	83	104
	潍坊市	潍城区	1382	673	3651	–	9
		寒亭区	483	261	1214	–	2
		坊子区	526	287	1748	–	1
		奎文区	1927	1104	4408	–	3
		临朐县	1147	681	3897	–	5
		昌乐县	636	602	3364	–	4
		青州市	1603	1139	6339	–	4
		诸城市	1231	951	4847	–	6
		寿光市	2450	1235	7687	–	21
		安丘市	897	611	3566	–	11
		高密市	1473	775	5053	–	18
		昌邑市	363	244	1603	–	0
	济宁市		7506	4073	24708	108	30
	济宁市	任城区	1330	547	3825	–	4
		微山县	322	215	1154	–	1
		鱼台县	214	127	785	–	0
		金乡县	462	292	1317	–	0
		嘉祥县	453	277	1749	–	1
		汶上县	411	184	973	–	0
		泗水县	411	246	1310	–	1

（续上表）

地　名			申请件数	注册件数	有效注册量	地理标志商标	中国申请人马德里商标有效注册量（一标多类）
山东省	济宁市	梁山县	593	301	2053	–	2
		曲阜市	584	351	2627	–	2
		兖州市	380	240	1712	–	1
		邹城市	659	344	2163	–	4
	泰安市		5361	3102	19641	28	34
	泰安市	泰山区	1536	712	3548	–	4
		岱岳区	918	662	2804	–	3
		宁阳县	442	170	1567	–	2
		东平县	367	267	1800	–	1
		新泰市	720	366	2321	–	10
		肥城市	602	358	2753	–	9
	威海市		6525	3893	19406	19	68
	威海市	环翠区	2453	1027	2997	–	1
		文登区	479	281	2172	–	9
		荣成市	946	710	3090	–	17
		乳山市	305	293	1580	–	5
	日照市		3227	1928	11326	27	10
	日照市	东港区	1292	811	2352	–	2
		岚山区	323	174	1139	–	0
		五莲县	299	167	1224	–	1
		莒县	843	369	3007	–	3
	莱芜市		884	534	4229	3	4
	莱芜市	莱城区	574	405	2631	–	1
		钢城区	120	49	432	–	3
	临沂市		24013	14456	69115	24	48
	临沂市	兰山区	7869	4209	18548	–	5
		罗庄区	1947	1078	5061	–	0
		河东区	3222	2170	11104	–	3
		沂南县	1181	770	3361	–	4
		郯城县	1021	685	3122	–	0
		沂水县	1199	728	4134	–	3
		兰陵县	935	642	3052	–	0
		费县	1303	680	2895	–	1
		平邑县	916	501	3087	–	2
		莒南县	1080	562	3392	–	3
		蒙阴县	566	318	1770	–	1

（续上表）

地　名		申请件数	注册件数	有效注册量	地理标志商标	中国申请人马德里商标有效注册量（一标多类）
临沂市	临沭县	926	674	3330	–	9
德州市		6004	3415	23148	12	33
德州市	德城区	900	563	3745	–	5
	陵城区	160	162	1423	–	5
	宁津县	415	243	1351	–	0
	庆云县	271	150	1028	–	0
	临邑县	233	121	1103	–	2
	齐河县	420	233	1530	–	1
	平原县	369	209	1225	–	0
	夏津县	495	275	1747	–	0
	武城县	621	279	1513	–	2
	乐陵市	620	396	2230	–	7
	禹城市	642	329	2364	–	6
聊城市		8030	4631	24859	23	22
聊城市	东昌府区	1776	936	3598	–	3
	阳谷县	642	442	3011	–	4
	莘县	700	380	2380	–	0
	茌平县	407	225	1670	–	0
	东阿县	1555	756	2354	–	1
	冠县	547	400	2144	–	3
	高唐县	507	362	2143	–	6
	临清市	998	589	3939	–	1
滨州市		4803	2392	15268	16	12
滨州市	滨城区	955	331	1603	–	2
	惠民县	436	184	984	–	1
	阳信县	234	81	611	–	2
	无棣县	461	165	1008	–	1
	沾化区	256	90	988	–	0
	博兴县	1030	503	3851	–	1
	邹平县	708	537	3650	–	2
菏泽市		8209	3755	19074	10	15
菏泽市	牡丹区	1309	667	3022	–	3
	曹县	1415	669	2978	–	7
	单县	1498	423	2157	–	0
	成武县	478	240	1145	–	0
	巨野县	585	292	1337	–	0

山东省

（续上表）

地　名			申请件数	注册件数	有效注册量	地理标志商标	中国申请人马德里商标有效注册量（一标多类）
山东省	菏泽市	郓城县	764	347	2140	–	0
		鄄城县	430	256	1145	–	0
		定陶县	357	202	1088	–	0
		东明县	328	136	762	–	1
河南省	河南省		129946	74276	356106	56	178
	郑州市		56103	32633	138477	4	57
	郑州市	中原区	3160	1837	7930	–	1
		二七区	5674	2948	12523	–	2
		管城回族区	2929	3169	13046	–	0
		金水区	18968	10867	42654	–	17
		上街区	230	148	788	–	0
		惠济区	1930	935	3492	–	1
		中牟县	746	378	2446	–	0
		巩义市	774	427	2731	–	2
		荥阳市	866	460	2662	–	3
		新密市	1267	422	2591	–	0
		新郑市	1592	749	5536	–	3
		登封市	585	505	2482	–	1
	开封市		4034	2264	11312	1	4
	开封市	龙亭区	176	209	1000	–	0
		顺河回族区	226	66	477	–	1
		鼓楼区	185	79	508	–	2
		禹王台区	78	72	267	–	0
		杞县	589	282	1303	–	0
		通许县	224	120	715	–	0
		尉氏县	724	467	2178	–	0
		祥符区	237	110	970	–	0
		兰考县	837	440	1415	–	1
	洛阳市		8046	4738	23166	6	28
	洛阳市	老城区	262	169	759	–	0
		西工区	911	590	3470	–	2
		瀍河回族区	230	95	388	–	0
		涧西区	876	612	2681	–	2
		吉利区	37	19	115	–	0
		洛龙区	1376	606	2481	–	0
		孟津县	356	243	837	–	0

（续上表）

地 名			申请件数	注册件数	有效注册量	地理标志商标	中国申请人马德里商标有效注册量（一标多类）
河南省	洛阳市	新安县	449	147	923	–	0
		栾川县	216	106	719	–	0
		嵩县	232	113	561	–	0
		汝阳县	212	210	1032	–	0
		宜阳县	346	116	705	–	0
		洛宁县	118	70	334	–	0
		伊川县	426	293	1509	–	0
		偃师市	1071	524	3026	–	1
	平顶山市		3368	2018	10264	1	4
	平顶山市	新华区	283	260	1163	–	0
		卫东区	195	121	752	–	0
		石龙区	13	3	65	–	0
		湛河区	324	299	916	–	0
		宝丰县	269	107	617	–	0
		叶县	328	193	941	–	0
		鲁山县	394	224	1215	–	0
		郏县	289	169	866	–	0
		舞钢市	186	193	815	–	1
		汝州市	957	375	1816	–	1
	安阳市		3833	2323	13182	6	0
	安阳市	文峰区	566	248	1325	–	0
		北关区	488	306	1518	–	0
		殷都区	141	66	863	–	0
		龙安区	95	72	440	–	0
		安阳县	376	208	1458	–	0
		汤阴县	317	196	1058	–	0
		滑县	691	481	2285	–	0
		内黄县	447	259	1321	–	0
		林州市	341	314	1265	–	0
	鹤壁市		1021	681	3878	0	0
	鹤壁市	鹤山区	47	21	92	–	0
		山城区	60	54	319	–	0
		淇滨区	292	168	736	–	0
		浚县	325	248	1528	–	0
		淇县	209	154	890	–	0
	新乡市		5484	3158	19532	2	16

（续上表）

地名			申请件数	注册件数	有效注册量	地理标志商标	中国申请人马德里商标有效注册量（一标多类）
河南省	新乡市	红旗区	451	198	860	–	0
		卫滨区	190	152	577	–	0
		凤泉区	112	57	330	–	2
		牧野区	302	155	928	–	0
		新乡县	232	142	1054	–	1
		获嘉县	294	136	852	–	0
		原阳县	366	319	1372	–	1
		延津县	244	163	875	–	0
		封丘县	500	251	1386	–	0
		长垣县	889	466	3942	–	7
		卫辉市	247	151	987	–	0
		辉县市	752	461	2405	–	0
	焦作市		3585	1771	12474	6	7
	焦作市	解放区	284	142	714	–	0
		中站区	44	55	278	–	0
		马村区	46	25	133	–	0
		山阳区	337	107	690	–	1
		修武县	185	87	1035	–	0
		博爱县	264	134	1064	–	1
		武陟县	429	257	2107	–	0
		温县	594	245	1853	–	0
		济源市	71	21	37	–	0
		沁阳市	434	197	1048	–	1
		孟州市	462	253	1611	–	0
	濮阳市		2664	1625	8230	2	7
	濮阳市	华龙区	394	166	761	–	1
		清丰县	186	127	795	–	0
		南乐县	232	152	714	–	0
		范县	263	165	708	–	1
		台前县	533	246	1279	–	0
		濮阳县	447	240	1298	–	4
	许昌市		4643	2758	14360	3	22
	许昌市	魏都区	541	194	1105	–	0
		许昌县	600	339	1964	–	10
		鄢陵县	317	213	1491	–	0
		襄城县	455	254	1176	–	0

（续上表）

地　名			申请件数	注册件数	有效注册量	地理标志商标	中国申请人马德里商标有效注册量（一标多类）
河南省	许昌市	禹州市	889	484	2593	–	4
		长葛市	821	511	2979	–	0
	漯河市		2915	1804	9740	0	2
	漯河市	源汇区	475	334	1626	–	0
		郾城区	632	315	1537	–	0
		召陵区	450	262	959	–	0
		舞阳县	257	172	896	–	0
		临颍县	650	301	1703	–	0
	三门峡市		1047	505	3854	5	0
	三门峡市	湖滨区	190	106	590	–	0
		渑池县	193	83	690	–	0
		陕县	94	81	310	–	0
		卢氏县	260	69	357	–	0
		义马市	36	12	182	–	0
		灵宝市	174	105	907	–	0
	南阳市		8536	4835	21035	8	9
	南阳市	宛城区	656	399	1494	–	0
		卧龙区	930	497	1840	–	0
		南召县	215	117	608	–	0
		方城县	530	306	1451	–	0
		西峡县	392	231	1410	–	0
		镇平县	924	397	2003	–	1
		内乡县	392	193	908	–	0
		淅川县	313	177	1145	–	0
		社旗县	345	229	1011	–	0
		唐河县	498	357	1352	–	0
		新野县	383	180	931	–	0
		桐柏县	232	145	636	–	0
		邓州市	1421	436	1959	–	2
	商丘市		8116	3779	18989	3	3
	商丘市	梁园区	966	638	3077	–	0
		睢阳区	1127	431	2153	–	0
		民权县	481	312	1481	–	0
		睢县	383	189	1015	–	2
		宁陵县	434	130	799	–	0
		柘城县	639	278	1276	–	0

（续上表）

地 名			申请件数	注册件数	有效注册量	地理标志商标	中国申请人马德里商标有效注册量（一标多类）
河南省	商丘市	虞城县	1173	541	2736	–	0
		夏邑县	1298	507	2398	–	1
		永城市	1184	547	2475	–	0
	信阳市		5070	2661	13985	6	5
	信阳市	浉河区	815	427	1904	–	0
		平桥区	326	251	1020	–	0
		罗山县	266	156	830	–	0
		光山县	393	214	1146	–	0
		新县	222	124	663	–	1
		商城县	293	123	847	–	0
		固始县	1485	626	3695	–	1
		潢川县	305	184	1107	–	3
		淮滨县	292	133	568	–	0
		息县	317	178	850	–	0
	周口市		6462	3876	18844	1	7
	周口市	川汇区	562	353	1192	–	0
		扶沟县	296	172	1273	–	0
		西华县	582	267	1204	–	1
		商水县	500	291	1277	–	0
		沈丘县	695	472	2039	–	0
		郸城县	512	335	1455	–	2
		淮阳县	737	574	2173	–	0
		太康县	755	415	2336	–	1
		鹿邑县	680	396	2129	–	0
		黄泛区	14	2	374	–	0
		项城市	758	400	2009	–	3
	驻马店市		4350	2434	12029	2	5
	驻马店市	驿城区	520	217	1074	–	1
		西平县	338	158	1126	–	0
		上蔡县	453	324	1457	–	1
		平舆县	423	156	899	–	0
		正阳县	499	174	763	–	0
		确山县	187	102	656	–	0
		泌阳县	311	243	970	–	0
		汝南县	269	170	858	–	0
		遂平县	240	127	748	–	0

（续上表）

地　名			申请件数	注册件数	有效注册量	地理标志商标	中国申请人马德里商标有效注册量（一标多类）
河南省	驻马店市	新蔡县	406	270	1007	–	0
	济源市		636	396	2721	0	2
	湖北省		79095	47821	238734	292	247
	武汉市		39272	25943	123964	30	126
湖北省	武汉市	江岸区	3509	2514	12064	–	10
		江汉区	3283	2295	13388	–	10
		硚口区	2394	1667	8355	–	7
		汉阳区	1937	984	6194	–	7
		武昌区	5123	3355	15035	–	8
		青山区	905	350	2114	–	4
		洪山区	6213	3997	16035	–	17
		东西湖区	3783	3410	12806	–	8
		汉南区	205	205	1246	–	0
		蔡甸区	527	364	2030	–	3
		江夏区	924	606	3047	–	2
		黄陂区	1505	1007	5210	–	4
		新洲区	542	349	1808	–	0
	黄石市		1407	968	5499	4	15
	黄石市	黄石港区	178	97	543	–	1
		西塞山区	89	53	281	–	0
		下陆区	66	27	189	–	0
		铁山区	20	10	179	–	1
		阳新县	467	239	1217	–	0
		大冶市	384	337	1847	–	9
	十堰市		2265	1475	7534	22	10
	十堰市	茅箭区	504	209	766	–	1
		张湾区	177	105	495	–	6
		郧阳区	201	139	582	–	0
		郧西县	119	100	591	–	0
		竹山县	156	198	515	–	0
		竹溪县	106	81	354	–	0
		房县	201	110	517	–	0
		丹江口市	216	157	891	–	0
	宜昌市		4397	2550	13622	36	55
	宜昌市	西陵区	647	339	1291	–	3

（续上表）

地 名			申请件数	注册件数	有效注册量	地理标志商标	中国申请人马德里商标有效注册量（一标多类）
湖北省	宜昌市	伍家岗区	424	310	812	–	1
		点军区	106	34	220	–	1
		猇亭区	54	76	429	–	0
		夷陵区	559	388	1944	–	1
		远安县	119	95	685	–	0
		兴山县	116	63	306	–	2
		秭归县	280	75	374	–	2
		长阳土家族自治县	263	120	656	–	0
		五峰土家族自治县	244	84	558	–	0
		宜都市	288	160	855	–	2
		当阳市	248	140	903	–	0
		枝江市	298	160	1143	–	2
	襄阳市		4198	2501	12516	39	7
	襄阳市	襄城区	391	323	1442	–	2
		樊城区	772	400	1994	–	0
		襄州区	377	308	1405	–	0
		南漳县	291	172	824	–	1
		谷城县	291	146	844	–	1
		保康县	141	121	615	–	0
		老河口市	195	75	646	–	0
		枣阳市	582	279	1589	–	1
		宜城市	253	247	840	–	1
	鄂州市		780	461	2865	34	3
	鄂州市	梁子湖区	133	56	285	–	0
		华容区	78	39	360	–	0
		鄂城区	223	138	675	–	1
		葛店开发区	154	24	308	–	0
	荆门市		2204	1153	5906	7	3
	荆门市	东宝区	314	172	839	–	2
		掇刀区	219	152	615	–	0
		京山县	529	262	1297	–	0
		沙洋县	209	91	641	–	0
		漳河新区	27	5	29	–	0
		屈家岭管理区	14	24	241	–	0
		钟祥市	630	327	1504	–	1

（续上表）

地　名			申请件数	注册件数	有效注册量	地理标志商标	中国申请人马德里商标有效注册量（一标多类）
湖北省		孝感市	4185	2153	12026	15	5
	孝感市	孝南区	823	287	1726	–	2
		孝昌县	284	198	775	–	0
		大悟县	217	102	626	–	0
		云梦县	527	225	1338	–	0
		应城市	665	315	1413	–	0
		安陆市	413	271	1430	–	0
		汉川市	755	557	3537	–	3
		荆州市	5900	2868	15792	32	2
	荆州市	沙市区	843	495	2663	–	1
		荆州区	661	389	1962	–	0
		公安县	463	332	1771	–	1
		监利县	908	439	2444	–	0
		江陵县	243	120	673	–	0
		石首市	414	191	1377	–	0
		洪湖市	1455	378	2385	–	0
		松滋市	485	300	1543	–	0
		黄冈市	4134	2102	10051	17	6
	黄冈市	黄州区	235	169	912	–	1
		团风县	71	50	334	–	0
		红安县	261	172	699	–	0
		罗田县	217	116	547	–	0
		英山县	205	139	585	–	0
		浠水县	288	145	905	–	0
		蕲春县	1213	558	2141	–	4
		黄梅县	382	215	1291	–	0
		麻城市	346	186	981	–	0
		武穴市	702	229	1276	–	0
		咸宁市	2304	1273	6665	17	5
	咸宁市	咸安区	487	276	1125	–	0
		嘉鱼县	301	157	900	–	2
		通城县	386	177	1078	–	1
		崇阳县	150	125	650	–	0
		通山县	347	195	778	–	0
		赤壁市	437	205	1428	–	0
		随州市	766	978	5023	7	7

（续上表）

地　名			申请件数	注册件数	有效注册量	地理标志商标	中国申请人马德里商标有效注册量（一标多类）
湖北省	随州市	曾都区	0	311	1585	-	0
		随县	249	229	571	-	0
		广水市	306	211	1179	-	0
	恩施土家族苗族自治州		3427	1602	7379	22	0
	恩施土家族苗族自治州	恩施市	1295	574	2479	-	0
		利川市	486	302	1349	-	0
		建始县	305	132	843	-	0
		巴东县	289	116	714	-	0
		宣恩县	200	89	472	-	0
		咸丰县	223	149	492	-	0
		来凤县	121	81	409	-	0
		鹤峰县	240	97	488	-	0
	省直辖县级行政单位		3759	1730	9799	9	0
	省直辖县级行政单位	仙桃市	992	587	3898	5	1
		潜江市	1884	468	1985	2	1
		天门市	804	512	3239	2	1
		神农架林区	79	163	677	-	0
湖南省	湖南省		87800	52348	257429	117	348
	长沙市		42009	25152	117084	9	157
	长沙市	芙蓉区	5647	3653	20112	-	7
		天心区	4681	2861	10694	-	3
		岳麓区	5899	2989	10238	-	5
		开福区	4212	2611	10787	-	4
		雨花区	7100	4462	19415	-	17
		望城区	955	1020	3862	-	17
		长沙县	1972	1169	5104	-	2
		宁乡县	1974	1155	5422	-	22
		浏阳市	2123	1334	8871	-	11
	株洲市		3848	2661	15640	5	33
	株洲市	荷塘区	347	255	1660	-	2
		芦淞区	771	596	2826	-	3
		石峰区	175	83	956	-	0
		天元区	707	421	2151	-	4
		株洲县	227	120	862	-	0
		攸县	298	304	1400	-	0
		茶陵县	331	256	1082	-	0

（续上表）

地 名			申请件数	注册件数	有效注册量	地理标志商标	中国申请人马德里商标有效注册量（一标多类）
湖南省	株洲市	炎陵县	150	79	342	–	0
		醴陵市	590	473	2440	–	18
	湘潭市		3573	1613	10650	1	7
	湘潭市	雨湖区	569	351	2125	–	1
		岳塘区	468	269	1869	–	0
		湘潭县	856	328	2179	–	0
		湘乡市	471	392	1877	–	1
		韶山市	373	118	854	–	4
	衡阳市		4824	3051	14142	7	11
	衡阳市	珠晖区	222	85	713	–	1
		雁峰区	300	116	890	–	1
		石鼓区	209	168	1204	–	2
		蒸湘区	235	160	958	–	0
		南岳区	43	39	266	–	0
		衡阳县	597	374	2134	–	2
		衡南县	446	242	1301	–	0
		衡山县	240	268	751	–	0
		衡东县	355	271	1022	–	2
		祁东县	525	307	1360	–	0
		耒阳市	825	519	1948	–	2
		常宁市	492	255	935	–	0
	邵阳市		4820	2985	18527	11	17
	邵阳市	双清区	402	120	927	–	1
		大祥区	283	152	1018	–	0
		北塔区	78	82	340	–	2
		邵东县	1257	845	5685	–	6
		新邵县	437	301	1580	–	0
		邵阳县	495	341	3191	–	0
		隆回县	551	344	1988	–	1
		洞口县	214	147	778	–	1
		绥宁县	179	80	395	–	0
		新宁县	325	125	622	–	5
		城步苗族自治县	87	69	342	–	0
		武冈市	336	219	937	–	0
	岳阳市		4543	2831	15373	14	83
	岳阳市	岳阳楼区	898	547	2383	–	4

（续上表）

地　名			申请件数	注册件数	有效注册量	地理标志商标	中国申请人马德里商标有效注册量（一标多类）
湖南省	岳阳市	云溪区	77	50	352	–	2
		君山区	131	81	546	–	1
		岳阳县	359	185	1150	–	12
		华容县	461	309	1500	–	10
		湘阴县	416	279	2042	–	15
		平江县	842	532	2650	–	11
		屈原区	23	7	133	–	0
		汨罗市	445	255	1434	–	13
		临湘市	531	341	1353	–	5
	常德市	常德市	3776	2024	10828	7	9
		武陵区	808	374	1837	–	0
		鼎城区	384	173	1118	–	2
		安乡县	264	175	985	–	0
		汉寿县	436	200	1037	–	0
		澧县	649	261	1433	–	0
		临澧县	148	85	609	–	3
		桃源县	450	254	1040	–	0
		石门县	282	219	948	–	0
		津市市	111	133	707	–	1
	张家界市	张家界市	1618	930	3408	4	2
		永定区	827	438	1646	–	0
		武陵源区	110	106	407	–	0
		慈利县	402	140	632	–	0
		桑植县	170	89	377	–	0
	益阳市	益阳市	4351	2875	13212	12	11
		资阳区	370	199	1065	–	0
		赫山区	1057	643	2502	–	0
		南县	539	294	1948	–	2
		桃江县	481	323	1516	–	3
		安化县	1009	666	2359	–	2
		大通湖区	25	43	258	–	0
		沅江市	477	339	1721	–	0
	郴州市	郴州市	3622	1990	9161	5	2
		北湖区	721	339	1371	–	0
		苏仙区	398	193	944	–	0
		桂阳县	652	345	1635	–	1

（续上表）

地　名			申请件数	注册件数	有效注册量	地理标志商标	中国申请人马德里商标有效注册量（一标多类）
湖南省	郴州市	宜章县	216	161	858	–	0
		永兴县	285	200	754	–	0
		嘉禾县	204	97	505	–	1
		临武县	123	45	309	–	0
		汝城县	249	104	444	–	0
		桂东县	215	70	225	–	0
		安仁县	146	81	438	–	0
		资兴市	308	275	888	–	0
	永州市		3258	1952	9435	6	3
	永州市	零陵区	283	177	974	–	0
		冷水滩区	439	312	1629	–	2
		祁阳县	513	296	1561	–	0
		东安县	248	113	637	–	0
		双牌县	95	41	289	–	0
		道县	209	120	642	–	0
		江永县	110	86	313	–	0
		宁远县	437	208	823	–	0
		蓝山县	296	217	706	–	0
		新田县	321	192	1014	–	0
		江华瑶族自治县	199	126	642	–	0
		回龙圩区	1	0	0	–	0
	怀化市		3059	1627	7423	14	8
	怀化市	鹤城区	672	370	1383	–	0
		中方县	69	60	417	–	1
		沅陵县	571	196	836	–	0
		辰溪县	103	68	437	–	1
		溆浦县	321	154	677	–	3
		会同县	115	42	270	–	0
		麻阳苗族自治县	384	163	543	–	1
		新晃侗族自治县	70	35	237	–	1
		芷江侗族自治县	132	89	393	–	0
		靖州苗族侗族自治县	103	60	351	–	0
		通道侗族自治县	75	55	247	–	0
		洪江区	9	4	41	–	1
		洪江市	207	91	466	–	0
	娄底市		2649	1613	8526	1	3

（续上表）

地 名			申请件数	注册件数	有效注册量	地理标志商标	中国申请人马德里商标有效注册量（一标多类）
湖南省	娄底市	娄星区	374	260	1480	–	0
		双峰县	605	398	2049	–	0
		新化县	728	382	1691	–	1
		冷水江市	243	145	640	–	0
		涟源市	505	272	1556	–	0
	湘西土家族苗族自治州		1777	1025	3922	13	2
	湘西土家族苗族自治州	吉首市	627	328	1423	–	0
		泸溪县	75	40	139	–	0
		凤凰县	204	82	475	–	0
		花垣县	239	109	337	–	2
		保靖县	110	76	378	–	0
		古丈县	133	93	314	–	0
		永顺县	156	156	417	–	0
		龙山县	167	118	411	–	0
广东省	广东省		689434	410207	2043798	39	4962
	广州市		197172	118909	549801	1	1144
	广州市	荔湾区	7439	5252	30081	–	67
		越秀区	18199	12097	62743	–	103
		海珠区	12310	8108	40310	–	53
		天河区	66401	33425	133199	–	164
		白云区	36672	26546	106612	–	188
		黄埔区	4081	2219	12888	–	35
		番禺区	21229	10861	53917	–	122
		花都区	6636	4679	24944	–	100
		南沙区	6751	1939	5385	–	2
		增城区	3514	2363	17759	–	86
		从化区	1180	1112	5918	–	10
	韶关市		2888	1504	7951	1	4
	韶关市	武江区	221	182	913	–	0
		浈江区	353	194	1152	–	0
		曲江区	212	147	775	–	0
		始兴县	529	101	427	–	0
		仁化县	237	102	647	–	0
		翁源县	260	118	670	–	0
		乳源瑶族自治县	129	103	401	–	1
		新丰县	226	129	460	–	0

（续上表）

地　名		申请件数	注册件数	有效注册量	地理标志商标	中国申请人马德里商标有效注册量（一标多类）
韶关市	乐昌市	251	204	963	–	0
	南雄市	397	137	801	–	0
	深圳市	253275	139281	528032	1	1753
深圳市	罗湖区	18871	12651	66415	–	135
	福田区	44966	28042	124958	–	318
	南山区	47975	26701	92411	–	463
	宝安区	42529	24712	106034	–	407
	龙岗区	33491	17616	69838	–	276
	盐田区	1595	751	4247	–	11
	珠海市	12270	6432	39935	0	158
珠海市	香洲区	3697	2035	10153	–	33
	斗门区	609	302	2244	–	10
	金湾区	1155	526	3485	–	14
	汕头市	28049	19805	147657	0	259
汕头市	龙湖区	5979	2432	12125	–	17
	金平区	2428	1228	7134	–	5
	濠江区	499	212	1727	–	4
	潮阳区	3850	4513	33240	–	48
	潮南区	7827	5326	47502	–	47
	澄海区	5333	3985	25041	–	77
	南澳县	101	55	255	–	0
	佛山市	45356	30366	183048	5	495
佛山市	禅城区	8787	5724	31302	–	54
	南海区	15146	10215	57975	–	158
	顺德区	17987	12417	76016	–	181
	三水区	1446	1030	7145	–	32
	高明区	1000	653	4891	–	54
	江门市	9777	6100	41955	1	140
江门市	蓬江区	2224	1486	7278	–	16
	江海区	1354	658	2998	–	3
	新会区	2038	1049	7594	–	12
	台山市	651	359	2496	–	6
	开平市	1199	873	6284	–	18
	鹤山市	1097	767	5530	–	26
	恩平市	613	364	2881	–	15
	湛江市	6684	3386	21903	0	36

（广东省）

（续上表）

地 名			申请件数	注册件数	有效注册量	地理标志商标	中国申请人马德里商标有效注册量（一标多类）
广东省	湛江市	赤坎区	688	328	1699	–	3
		霞山区	507	327	2425	–	0
		坡头区	264	119	830	–	1
		麻章区	265	212	1020	–	2
		遂溪县	505	214	1152	–	0
		徐闻县	308	103	550	–	0
		廉江市	1677	871	5556	–	13
		雷州市	895	497	2930	–	4
		吴川市	794	358	3044	–	3
	茂名市		4670	2833	15501	7	5
	茂名市	茂南区	580	448	1802	–	0
		电白区	785	532	4256	–	1
		高州市	874	482	2671	–	2
		化州市	968	610	2924	–	2
		信宜市	490	248	1455	–	0
	肇庆市		5825	2793	16128	8	20
	肇庆市	端州区	1573	486	2305	–	1
		鼎湖区	263	84	977	–	0
		广宁县	424	239	1374	–	0
		怀集县	448	174	967	–	1
		封开县	132	82	423	–	0
		德庆县	151	120	742	–	0
		高新区	138	132	694	–	0
		高要市	839	655	4253	–	6
		四会市	1354	578	2436	–	1
	惠州市		11119	6494	41604	1	54
	惠州市	惠城区	3286	1539	7521	–	7
		惠阳区	1384	633	5086	–	10
		博罗县	1615	979	6218	–	4
		惠东县	1400	905	7154	–	3
		龙门县	298	121	956	–	2
		大亚湾经济开发区	181	189	1338	–	0
	梅州市		4629	2941	16189	3	7
	梅州市	梅江区	666	312	1319	–	0
		梅县区	574	453	2889	–	0
		大埔县	337	329	1428	–	0

（续上表）

地　名			申请件数	注册件数	有效注册量	地理标志商标	中国申请人马德里商标有效注册量（一标多类）
广东省	梅州市	丰顺县	380	257	1573	–	2
		五华县	678	404	2117	–	2
		平远县	268	158	1069	–	0
		蕉岭县	252	129	812	–	1
		兴宁市	1133	655	3051	–	1
	汕尾市		4052	3348	20785	0	7
	汕尾市	城区	456	389	2002	–	0
		海丰县	1826	1763	12235	–	4
		陆河县	134	78	632	–	0
		红海湾经济开发区	50	56	620	–	0
		华侨管理区	11	3	15	–	0
		陆丰市	1335	775	4667	–	2
	河源市		2795	1501	8530	0	10
	河源市	源城区	317	181	1274	–	5
		紫金县	379	196	1249	–	0
		龙川县	536	248	1515	–	1
		连平县	215	106	558	–	0
		和平县	474	172	799	–	0
		东源县	364	213	1396	–	0
	阳江市		3196	1850	11945	2	36
	阳江市	江城区	1388	708	3836	–	1
		阳西县	226	125	765	–	1
		阳东区	629	432	3244	–	16
		海陵区	20	22	114	–	0
		阳春市	548	397	2281	–	3
	清远市		2976	1695	9615	3	23
	清远市	清城区	686	312	1729	–	2
		清新区	278	246	1597	–	2
		佛冈县	95	74	570	–	1
		阳山县	193	119	635	–	1
		连山壮族瑶族自治县	43	37	218	–	0
		连南瑶族自治县	67	20	203	–	0
		英德市	895	428	2196	–	6
		连州市	253	128	831	–	1
	东莞市		42719	26776	149677	0	327
	中山市		22177	15820	96748	0	244

（续上表）

地　名			申请件数	注册件数	有效注册量	地理标志商标	中国申请人马德里商标有效注册量（一标多类）
广东省	潮州市		9389	5813	44600	2	174
	潮州市	湘桥区	842	489	2433	–	9
		潮安区	4507	3332	29077	–	79
		饶平县	1603	839	5109	–	19
	揭阳市		17929	10932	85790	2	59
	揭阳市	榕城区	3256	1791	12198	–	4
		揭东区	1704	1290	9970	–	13
		揭西县	1755	954	7446	–	2
		惠来县	1176	794	4498	–	2
		普侨区	13	7	44	–	0
		普宁市	8131	5017	45564	–	23
	云浮市		1523	946	5524	2	7
	云浮市	云城区	315	121	743	–	1
		新兴县	364	318	1920	–	4
		郁南县	186	110	694	–	1
		云安区	74	27	199	–	0
		罗定市	493	348	1839	–	0
广西壮族自治区	广西壮族自治区		35229	19616	103135	34	105
	南宁市		13984	8375	40652	1	6
	南宁市	兴宁区	747	378	1242	–	0
		青秀区	4560	2995	8019	–	2
		江南区	1032	534	2113	–	0
		西乡塘区	2380	1229	3454	–	0
		良庆区	475	160	793	–	0
		邕宁区	51	62	337	–	0
		武鸣县	389	141	663	–	0
		隆安县	111	54	363	–	0
		马山县	96	29	204	–	0
		上林县	117	54	241	–	0
		宾阳县	306	169	957	–	0
		横县	257	172	763	–	1
	柳州市		3296	1932	10154	3	25
	柳州市	城中区	331	182	442	–	1
		鱼峰区	284	163	609	–	2
		柳南区	425	244	1132	–	0
		柳北区	313	152	769	–	1

（续上表）

地 名			申请件数	注册件数	有效注册量	地理标志商标	中国申请人马德里商标有效注册量（一标多类）
广西壮族自治区	柳州市	柳江县	258	160	831	–	0
		柳城县	96	68	254	–	0
		鹿寨县	68	41	578	–	0
		融安县	106	69	258	–	0
		融水苗族自治县	97	116	301	–	0
		三江侗族自治县	116	100	398	–	0
	桂林市		3870	2345	13344	8	36
	桂林市	秀峰区	321	242	744	–	0
		叠彩区	357	134	689	–	0
		象山区	400	227	1057	–	1
		七星区	940	499	1823	–	0
		雁山区	55	18	86	–	0
		临桂区	194	124	665	–	3
		阳朔县	105	74	417	–	0
		灵川县	260	166	796	–	0
		全州县	160	80	528	–	0
		兴安县	123	70	813	–	5
		永福县	70	39	292	–	0
		灌阳县	47	19	154	–	0
		龙胜各族自治县	54	50	226	–	0
		资源县	35	14	154	–	0
		平乐县	85	69	343	–	0
		荔浦县	133	78	972	–	2
		恭城瑶族自治县	41	31	135	–	0
	梧州市		1107	661	4429	1	13
	梧州市	万秀区	68	55	352	–	0
		长洲区	102	36	157	–	0
		龙圩区	37	26	32	–	0
		苍梧县	141	79	568	–	1
		藤县	252	167	770	–	0
		蒙山县	82	36	316	–	0
		岑溪市	169	80	614	–	1
	北海市		1193	606	3498	0	3
	北海市	海城区	298	134	502	–	0
		银海区	113	40	100	–	0
		铁山港区	19	28	105	–	1

（续上表）

地　名		申请件数	注册件数	有效注册量	地理标志商标	中国申请人马德里商标有效注册量（一标多类）
北海市	合浦县	279	166	822	–	0
防城港市		696	417	1790	0	1
防城港市	港口区	140	87	459	–	0
	防城区	115	47	444	–	0
	上思县	30	16	94	–	0
	东兴市	372	255	779	–	1
钦州市		1226	477	2775	0	2
钦州市	钦南区	182	71	281	–	0
	钦北区	85	47	202	–	0
	灵山县	177	102	753	–	0
	浦北县	168	95	571	–	1
贵港市		2096	1211	6747	2	6
贵港市	港北区	387	139	613	–	0
	港南区	153	95	527	–	1
	覃塘区	73	48	337	–	0
	平南县	653	412	2159	–	1
	桂平市	686	364	2167	–	3
玉林市		2622	1438	9324	0	13
玉林市	玉州区	685	408	2080	–	2
	福绵区	16	18	213	–	0
	容县	263	119	1034	–	0
	陆川县	267	112	721	–	0
	博白县	302	128	820	–	0
	兴业县	167	106	713	–	0
	北流市	378	260	1502	–	2
百色市		793	510	2579	4	0
百色市	右江区	102	57	205	–	0
	田阳县	78	88	347	–	0
	田东县	48	43	222	–	0
	平果县	143	71	438	–	0
	德保县	38	23	124	–	0
	靖西县	65	31	162	–	0
	那坡县	14	3	36	–	0
	凌云县	58	39	210	–	0
	乐业县	39	23	129	–	0
	田林县	32	22	110	–	0

注：左侧纵列为"广西壮族自治区"。

（续上表）

地 名			申请件数	注册件数	有效注册量	地理标志商标	中国申请人马德里商标有效注册量（一标多类）
广西壮族自治区	百色市	西林县	24	34	129	–	0
		隆林各族自治县	33	20	82	–	0
	贺州市		749	361	1587	4	0
	贺州市	八步区	298	136	585	–	0
		昭平县	96	60	291	–	0
		钟山县	45	32	151	–	0
		富川瑶族自治县	38	50	158	–	0
	河池市		1051	702	3241	11	0
	河池市	金城江区	72	42	162	–	0
		南丹县	75	39	197	–	0
		天峨县	32	14	71	–	0
		凤山县	57	19	124	–	0
		东兰县	28	8	68	–	0
		罗城仫佬族自治县	69	56	283	–	0
		环江毛南族自治县	41	49	197	–	0
		巴马瑶族自治县	334	238	985	–	0
		都安瑶族自治县	65	47	206	–	0
		大化瑶族自治县	52	33	136	–	0
		宜州市	140	105	546	–	0
	来宾市		545	322	1511	0	0
	来宾市	兴宾区	127	53	254	–	0
		忻城县	46	23	103	–	0
		象州县	114	42	235	–	0
		武宣县	50	34	160	–	0
		金秀瑶族自治县	109	84	297	–	0
		合山市	23	11	86	–	0
	崇左市		763	228	1333	0	0
	崇左市	江洲区	28	20	129	–	0
		扶绥县	80	26	229	–	0
		宁明县	60	24	111	–	0
		龙州县	28	16	124	–	0
		大新县	43	36	204	–	0
		天等县	29	13	79	–	0
		凭祥市	157	72	327	–	0

（续上表）

地　名			申请件数	注册件数	有效注册量	地理标志商标	中国申请人马德里商标有效注册量（一标多类）
海南省			13454	8637	50078	21	45
	海口市		7428	4672	29080	2	38
	海口市	秀英区	506	274	1418	–	2
		龙华区	2614	1426	3180	–	0
		琼山区	646	432	1723	–	0
		美兰区	1635	916	2623	–	2
	三亚市		2246	1145	4650	1	2
	三亚市	海棠区	46	35	286	–	0
		吉阳区	329	87	132	–	1
		天涯区	616	80	189	–	0
		崖州区	79	2	2	–	0
海南省	三沙市		46	651	2536	0	0
	三沙市	西沙群岛	0	0	0	–	0
		南沙群岛	0	0	0	–	0
		中沙群岛	0	0	0	–	0
	洋浦经济开发区		39	17	943	0	0
	省直辖县级行政单位		3669	2103	12750	18	0
	省直辖县级行政单位	五指山市	142	84	463	–	1
		琼海市	429	292	1658	–	1
		儋州市	382	170	1048	1	0
		文昌市	235	205	1349	1	1
		万宁市	303	99	891	1	0
		东方市	382	79	454	–	0
		定安县	155	99	843	3	1
		屯昌县	54	45	317	1	0
		澄迈县	671	449	2288	2	1
		临高县	57	43	547	2	0
		白沙黎族自治县	95	50	320	–	0
		昌江黎族自治县	227	39	353	–	0
		乐东黎族自治县	124	119	702	1	0
		陵水黎族自治县	179	74	458	2	0
		保亭黎族苗族自治县	83	69	507	4	0
		琼中黎族苗族自治县	151	187	552	2	0

（续上表）

地　名		申请件数	注册件数	有效注册量	地理标志商标	中国申请人马德里商标有效注册量（一标多类）
重庆市		67024	45777	240519	213	193
重庆市	万州区	1878	1505	9139	12	9
	涪陵区	1508	1383	8927	12	5
	渝中区	5087	3705	19325	–	10
	大渡口区	927	647	3500	1	9
	江北区	7293	4995	20642	–	20
	沙坪坝区	3892	2092	13195	–	17
	九龙坡区	6037	4298	22423	1	21
	南岸区	4631	2839	15005	–	13
	北碚区	1377	916	7757	2	12
	綦江区	1157	759	4363	11	0
	大足区	958	968	4491	3	0
	渝北区	7431	4858	22720	–	15
	巴南区	2893	1044	7549	4	10
	黔江区	569	364	2093	–	0
	长寿区	1485	944	3886	3	1
	江津区	1864	1107	7019	4	7
	合川区	1458	1117	7154	13	7
	永川区	1151	736	4995	10	3
	南川区	583	454	2515	13	0
	北部新区	3367	2303	7501	–	4
	潼南区	654	506	2423	–	0
	铜梁区	794	747	3831	5	1
	荣昌县	879	485	3011	7	1
	璧山区	1064	601	4513	4	2
	梁平县	560	614	3775	9	2
	城口县	252	130	516	8	0
	丰都县	299	252	1731	11	2
	垫江县	582	612	2881	7	1
	武隆县	472	397	1295	6	0
	忠县	619	374	2714	2	0
	开县	1426	838	4161	5	1
	云阳县	622	379	2325	5	0
	奉节县	836	508	2039	3	1
	巫山县	253	306	1246	5	1
	巫溪县	300	202	969	5	0

（续上表）

地　名		申请件数	注册件数	有效注册量	地理标志商标	中国申请人马德里商标有效注册量（一标多类）
重庆市	石柱土家族自治县	357	316	1578	3	1
	秀山土家族苗族自治县	372	328	1244	9	0
	酉阳土家族苗族自治县	442	279	1431	7	0
	彭水苗族土家族自治县	506	365	1844	23	0
四川省		126300	73986	392055	202	361
四川省	成都市	78536	47166	227020	18	312
	成都市　锦江区	5471	2910	13889	－	18
	青羊区	6438	4158	19018	－	5
	金牛区	6386	3763	19808	－	8
	武侯区	11324	7326	34986	－	32
	成华区	5782	3537	11329	－	3
	龙泉驿区	1018	612	4723	－	6
	青白江区	602	439	2623	－	8
	新都区	2218	1432	9523	－	3
	温江区	1386	881	5600	－	8
	金堂县	661	291	2014	－	0
	双流县	2238	1441	9456	－	8
	郫县	1527	890	6128	－	9
	大邑县	719	476	3325	－	2
	蒲江县	346	292	1618	－	0
	新津县	845	413	2917	－	4
	高新区	20004	11665	34816	－	0
	都江堰市	2246	1544	5197	－	3
	彭州市	1125	546	3681	－	1
	邛崃市	902	513	4129	－	3
	崇州市	809	484	4294	－	9
	自贡市	1891	1011	6996	2	12
	自贡市　自流井区	409	182	1105	－	1
	贡井区	160	83	457	－	0
	大安区	269	115	742	－	4
	沿滩区	151	73	495	－	1
	荣县	228	149	1221	－	0
	富顺县	525	309	1844	－	1
	攀枝花市	747	495	2866	0	5
	攀枝花市　东区	313	208	893	－	0
	西区	43	55	224	－	0

（续上表）

地　名			申请件数	注册件数	有效注册量	地理标志商标	中国申请人马德里商标有效注册量（一标多类）
四川省	攀枝花市	仁和区	143	94	646	–	0
		米易县	115	53	387	–	0
		盐边县	118	61	376	–	2
	泸州市		3921	2252	13760	5	14
	泸州市	江阳区	709	359	2682	–	0
		纳溪区	330	195	1229	–	2
		龙马潭区	981	628	2190	–	0
		泸县	573	313	2167	–	0
		合江县	275	135	821	–	0
		叙永县	323	128	608	–	0
		古蔺县	446	245	1393	–	3
	德阳市		3886	2356	14636	3	26
	德阳市	旌阳区	635	384	1547	–	0
		中江县	809	323	1651	–	1
		罗江县	144	68	542	–	0
		广汉市	881	493	3225	–	5
		什邡市	728	332	2214	–	0
		绵竹市	459	547	3558	–	13
	绵阳市		5208	2983	17298	8	22
	绵阳市	涪城区	1266	668	3132	–	2
		游仙区	408	242	1247	–	1
		三台县	532	200	1378	–	0
		盐亭县	178	116	721	–	0
		安县	298	215	1352	–	2
		梓潼县	146	91	572	–	0
		北川羌族自治县	236	161	866	–	0
		平武县	110	78	435	–	0
		高新区	629	331	1715	–	0
		江油市	493	309	1911	–	1
	广元市		1343	665	4224	24	0
	广元市	利州区	541	166	1028	–	0
		昭化区	66	49	252	–	0
		朝天区	70	53	198	–	0
		旺苍县	75	38	412	–	0
		青川县	117	60	353	–	0
		剑阁县	151	97	476	–	0

（续上表）

地　名		申请件数	注册件数	有效注册量	地理标志商标	中国申请人马德里商标有效注册量（一标多类）
广元市	苍溪县	252	131	705	–	0
遂宁市		2181	1319	8096	2	4
遂宁市	船山区	538	362	1674	–	0
	安居区	317	157	700	–	0
	蓬溪县	256	147	854	–	0
	射洪县	346	241	2667	–	3
	大英县	424	236	991	–	0
内江市		1563	1009	6359	3	3
内江市	市中区	216	186	1151	–	1
	东兴区	340	201	1118	–	1
	威远县	271	171	898	–	0
	资中县	358	149	1103	–	0
	隆昌县	344	249	1781	–	1
乐山市		2503	1765	9995	10	11
乐山市	市中区	774	536	2598	–	1
	沙湾区	53	51	385	–	0
	五通桥区	148	109	1034	–	1
	金口河区	67	18	119	–	0
	犍为县	215	106	621	–	2
	井研县	200	76	565	–	1
	夹江县	308	205	1135	–	1
	沐川县	81	43	287	–	0
	峨边彝族自治县	66	9	121	–	0
	马边彝族自治县	64	27	268	–	0
	峨眉山市	325	347	2181	–	4
南充市		4303	1954	13585	4	2
南充市	顺庆区	581	343	1979	–	1
	高坪区	268	142	998	–	0
	嘉陵区	347	176	926	–	0
	南部县	865	308	2214	–	0
	营山县	294	143	908	–	0
	蓬安县	204	95	791	–	0
	仪陇县	313	175	1195	–	1
	西充县	471	185	1417	–	0
	阆中市	771	332	2612	–	0
眉山市		2463	1545	9722	9	10

（注：左侧纵栏为「四川省」）

（续上表）

地名			申请件数	注册件数	有效注册量	地理标志商标	中国申请人马德里商标有效注册量（一标多类）
四川省	眉山市	东坡区	1017	496	3257	–	1
		仁寿县	439	315	1949	–	0
		彭山区	278	130	1013	–	0
		洪雅县	203	224	1063	–	3
		丹棱县	154	100	507	–	0
		青神县	144	86	743	–	1
	宜宾市		3371	1655	11099	10	18
	宜宾市	翠屏区	1082	566	2693	–	0
		南溪区	274	128	799	–	0
		宜宾县	314	200	1062	–	1
		江安县	292	92	496	–	1
		长宁县	246	87	563	–	0
		高县	286	94	656	–	2
		珙县	113	50	419	–	0
		筠连县	206	112	747	–	0
		兴文县	254	78	447	–	0
		屏山县	112	57	245	–	0
	广安市		2149	1558	10935	12	2
	广安市	广安区	638	415	3298	–	0
		前锋区	101	82	138	–	0
		岳池县	345	195	1820	–	0
		武胜县	378	274	1768	–	0
		邻水县	466	316	2082	–	2
		华蓥市	152	210	1309	–	0
	达州市		2699	1661	7521	8	3
	达州市	通川区	605	516	1426	–	0
		达川区	122	61	101	–	0
		达县	361	217	1191	–	0
		宣汉县	381	166	765	–	0
		开江县	231	145	762	–	0
		大竹县	400	168	1179	–	1
		渠县	395	253	1334	–	1
		万源市	132	79	536	–	0
	雅安市		1446	625	4489	12	0
	雅安市	雨城区	528	143	1058	–	0
		名山区	290	193	1032	–	0

（续上表）

地 名			申请件数	注册件数	有效注册量	地理标志商标	中国申请人马德里商标有效注册量（一标多类）
四川省	雅安市	荥经县	106	60	338	–	0
		汉源县	206	88	556	–	0
		石棉县	100	28	388	–	0
		天全县	76	31	313	–	0
		芦山县	48	26	213	–	0
		宝兴县	36	26	230	–	0
	巴中市		1600	741	3924	14	0
	巴中市	巴州区	533	260	1407	–	0
		恩阳区	57	33	50	–	0
		通江县	230	126	565	–	0
		南江县	336	82	582	–	0
		平昌县	376	150	988	–	0
	资阳市		2666	1321	8903	3	13
	资阳市	雁江区	429	233	1360	–	0
		安岳县	641	355	2095	–	0
		乐至县	243	159	926	–	0
		简阳市	1286	503	4002	–	11
	阿坝藏族羌族自治州		1420	512	3401	22	0
	阿坝藏族羌族自治州	汶川县	211	37	515	–	0
		理县	31	38	297	–	0
		茂县	88	28	570	–	0
		松潘县	205	30	280	–	0
		九寨沟县	98	124	487	–	0
		金川县	96	35	180	–	0
		小金县	118	45	221	–	0
		黑水县	67	14	168	–	0
		马尔康县	104	16	111	–	0
		壤塘县	195	4	27	–	0
		阿坝县	77	51	87	–	0
		若尔盖县	27	13	120	–	0
		红原县	49	15	213	–	0
	甘孜藏族自治州		870	473	2428	12	0
	甘孜藏族自治州	康定县	140	186	707	–	0
		泸定县	82	47	285	–	0
		丹巴县	26	19	259	–	0
		九龙县	22	5	82	–	0

（续上表）

地 名			申请件数	注册件数	有效注册量	地理标志商标	中国申请人马德里商标有效注册量（一标多类）
四川省	甘孜藏族自治州	雅江县	7	13	70	–	0
		道孚县	28	20	112	–	0
		炉霍县	44	19	135	–	0
		甘孜县	18	7	64	–	0
		新龙县	11	5	20	–	0
		德格县	185	14	59	–	0
		白玉县	23	57	107	–	0
		石渠县	35	0	28	–	0
		色达县	8	1	46	–	0
		理塘县	21	6	49	–	0
		巴塘县	58	12	53	–	0
		乡城县	101	7	77	–	0
		稻城县	9	18	154	–	0
		得荣县	12	9	50	–	0
	凉山彝族自治州		1454	860	4681	21	4
	凉山彝族自治州	西昌市	660	404	2339	–	3
		木里藏族自治县	49	6	38	–	0
		盐源县	111	35	265	–	0
		德昌县	80	47	284	–	0
		会理县	120	67	466	–	0
		会东县	94	64	216	–	0
		宁南县	22	96	214	–	0
		普格县	23	6	185	–	1
		布拖县	18	9	69	–	0
		金阳县	9	5	37	–	0
		昭觉县	8	17	52	–	0
		喜德县	20	4	46	–	0
		冕宁县	82	28	166	–	0
		越西县	25	21	81	–	0
		甘洛县	38	8	64	–	0
		美姑县	9	3	37	–	0
		雷波县	48	19	75	–	0
贵州省	贵州省		33404	17904	89633	63	24
	贵阳市	贵阳市	13207	6840	36655	2	21
		南明区	3167	1754	8126	–	0
		云岩区	2980	1597	8350	–	3

（续上表）

地　名			申请件数	注册件数	有效注册量	地理标志商标	中国申请人马德里商标有效注册量（一标多类）
贵州省	贵阳市	花溪区	516	390	3396	–	2
		乌当区	432	224	1564	–	0
		白云区	493	221	1509	–	0
		观山湖区	1571	706	2976	–	0
		开阳县	243	87	493	–	0
		息烽县	134	77	370	–	0
		修文县	406	208	800	–	0
		清镇市	354	223	1111	–	1
	六盘水市		1837	1119	3998	1	0
	六盘水市	钟山区	420	536	1408	–	0
		六枝特区	129	71	471	–	0
		水城县	211	157	499	–	0
		盘县	884	222	1185	–	0
	遵义市		7976	4100	21867	11	2
	遵义市	红花岗区	779	364	1838	–	0
		汇川区	605	407	1560	–	1
		遵义县	464	322	1425	–	1
		桐梓县	291	117	649	–	0
		绥阳县	302	111	484	–	0
		正安县	168	89	395	–	0
		道真仡佬族苗族自治县	112	34	213	–	0
		务川仡佬族苗族自治县	137	32	163	–	0
		凤冈县	329	146	629	–	0
		湄潭县	446	341	1115	–	0
		余庆县	155	75	299	–	0
		习水县	415	168	1859	–	0
		赤水市	358	170	593	–	0
		仁怀市	2917	1404	9125	–	0
	安顺市		1248	753	4007	6	0
	安顺市	西秀区	463	249	1084	–	0
		平坝区	147	113	651	–	0
		普定县	191	48	272	–	0
		镇宁布依族苗族自治县	91	70	367	–	0
		关岭布依族苗族自治县	98	52	363	–	0
		紫云苗族布依族自治县	78	54	248	–	0
		黄果树管委会	0	30	185	–	0

（续上表）

地 名			申请件数	注册件数	有效注册量	地理标志商标	中国申请人马德里商标有效注册量（一标多类）
		毕节市	1811	1359	5754	9	0
贵州省	毕节市	七星关区	246	260	478	–	0
		大方县	268	218	819	–	0
		黔西县	202	145	735	–	0
		金沙县	255	171	818	–	0
		织金县	160	124	485	–	0
		纳雍县	109	96	471	–	0
		威宁彝族回族苗族自治县	140	108	437	–	0
		赫章县	158	77	451	–	0
		铜仁市	1467	758	3627	11	1
	铜仁市	碧江区	196	136	299		0
		万山区	152	25	184	–	0
		江口县	149	90	274	–	0
		玉屏侗族自治县	82	63	149	–	1
		石阡县	111	49	269	–	0
		思南县	110	83	449	–	0
		印江土家族苗族自治县	75	59	294	–	0
		德江县	102	38	243	–	0
		沿河土家族自治县	189	75	347	–	0
		松桃苗族自治县	181	60	352	–	0
		黔西南布依族苗族自治州	1306	868	3531	9	0
	黔西南布依族苗族自治州	兴义市	634	477	1965	–	0
		兴仁县	180	90	475	–	0
		普安县	62	45	168	–	0
		晴隆县	26	65	223	–	0
		贞丰县	116	57	206	–	0
		望谟县	42	18	94	–	0
		册亨县	70	18	92	–	0
		安龙县	84	65	243	–	0
		顶效经济技术开发区	0	0	23	–	0
		毕节地区	1	0	5	–	0
	毕节地区	百里杜鹃管理区	1	0	5	–	0

（续上表）

地　名			申请件数	注册件数	有效注册量	地理标志商标	中国申请人马德里商标有效注册量（一标多类）
贵州省	黔东南苗族侗族自治州		1912	859	4792	7	0
	黔东南苗族侗族自治州	凯里市	468	285	1723	–	0
		黄平县	105	31	266	–	0
		施秉县	55	12	186	–	0
		三穗县	74	19	124	–	0
		镇远县	203	70	331	–	0
		岑巩县	49	13	95	–	0
		天柱县	93	33	191	–	0
		锦屏县	89	46	140	–	0
		剑河县	52	21	97	–	0
		台江县	65	8	100	–	0
		黎平县	157	101	323	–	0
		榕江县	158	23	213	–	0
		从江县	36	27	169	–	0
		雷山县	73	63	318	–	0
		麻江县	25	11	148	–	0
		丹寨县	99	38	300	–	0
	黔南布依族苗族自治州		2432	1093	5111	7	0
	黔南布依族苗族自治州	都匀市	255	128	875	–	0
		福泉市	166	54	354	–	0
		荔波县	44	94	262	–	0
		贵定县	234	53	589	–	0
		瓮安县	399	154	600	–	0
		独山县	177	71	401	–	0
		平塘县	302	35	198	–	0
		罗甸县	88	55	238	–	0
		长顺县	72	56	213	–	0
		龙里县	190	120	472	–	0
		惠水县	182	174	630	–	0
		三都水族自治县	83	47	171	–	0
云南省	云南省		54969	37991	173703	154	112
	昆明市		27315	18975	92899	12	73
	昆明市	五华区	3809	2361	7115	–	11
		盘龙区	4417	2857	9303	–	1
		官渡区	5981	3840	11992	–	4
		西山区	3155	2367	8101	–	2

（续上表）

地　名			申请件数	注册件数	有效注册量	地理标志商标	中国申请人马德里商标有效注册量（一标多类）
云南省	昆明市	东川区	197	88	571	–	0
		呈贡区	884	341	2207	–	0
		晋宁县	455	215	1506	–	0
		富民县	130	69	599	–	0
		宜良县	234	177	1280	–	0
		石林彝族自治县	116	145	945	–	0
		嵩明县	367	171	1055	–	0
		禄劝彝族苗族自治县	103	105	515	–	0
		寻甸回族彝族自治县	164	108	600	–	0
		安宁市	368	267	1547	–	0
	曲靖市		2146	1502	8599	18	0
	曲靖市	麒麟区	553	411	1529	–	0
		马龙县	83	50	398	–	0
		陆良县	150	63	527	–	0
		师宗县	89	45	378	–	0
		罗平县	304	149	628	–	0
		富源县	134	90	873	–	0
		会泽县	223	212	906	–	0
		沾益县	91	57	441	–	0
		宣威市	324	300	1689	–	0
	玉溪市		4423	4126	11768	9	15
	玉溪市	红塔区	798	965	4714	–	15
		江川县	1317	699	1153	–	0
		澄江县	121	55	284	–	0
		通海县	186	93	937	–	0
		华宁县	44	54	402	–	0
		易门县	141	112	492	–	0
		峨山彝族自治县	54	116	335	–	0
		新平彝族傣族自治县	1208	1375	1906	–	0
		元江哈尼族彝族傣族自治县	75	29	224	–	0
	保山市		1617	974	5207	24	3
	保山市	隆阳区	452	379	1731	–	0
		施甸县	137	43	464	–	0
		腾冲县	462	257	1681	–	0
		龙陵县	230	77	548	–	0
		昌宁县	92	73	446	–	2

（续上表）

地　名			申请件数	注册件数	有效注册量	地理标志商标	中国申请人马德里商标有效注册量（一标多类）
	昭通市		1524	921	3981	9	1
		昭阳区	451	380	1339	–	0
		鲁甸县	89	53	257	–	0
		巧家县	86	40	222	–	0
		盐津县	118	65	288	–	0
		大关县	45	33	129	–	0
	昭通市	永善县	91	56	248	–	0
		绥江县	105	21	103	–	0
		镇雄县	275	146	562	–	0
		彝良县	72	31	339	–	0
		威信县	60	34	162	–	0
		水富县	50	12	167	–	1
	丽江市		1370	1345	4946	4	0
		古城区	842	725	2798	–	0
		玉龙纳西族自治县	176	290	678	–	0
云南省	丽江市	永胜县	126	148	581	–	0
		华坪县	116	103	493	–	0
		宁蒗彝族自治县	57	33	124	–	0
	普洱市		2195	1491	6194	11	1
		思茅区	662	538	2363	–	0
		宁洱哈尼族彝族自治县	187	155	410	–	1
		墨江哈尼族自治县	137	74	386	–	0
		景东彝族自治县	248	106	427	–	0
	普洱市	景谷傣族彝族自治县	186	99	461	–	0
		镇沅彝族哈尼族拉祜族自治县	83	66	190	–	0
		江城哈尼族彝族自治县	73	31	215	–	0
		孟连傣族拉祜族佤族自治县	59	32	274	–	0
		澜沧拉祜族自治县	210	133	803	–	0
		西盟佤族自治县	36	74	213	–	0
	临沧市		1314	1275	4194	3	0
		临翔区	315	172	841	–	0
		凤庆县	178	153	580	–	0
	临沧市	云县	104	189	627	–	0
		永德县	110	74	285	–	0
		镇康县	67	54	175	–	0
		双江拉祜族佤族布朗族傣族自治县	320	232	660	–	0

（续上表）

地 名		申请件数	注册件数	有效注册量	地理标志商标	中国申请人马德里商标有效注册量（一标多类）
云南省	临沧市	耿马傣族佤族自治县	90	55	215	–	0
		沧源佤族自治县	31	285	607	–	0
	楚雄彝族自治州		1453	975	4560	9	7
	楚雄彝族自治州	楚雄市	543	358	1662	–	3
		双柏县	45	40	140	–	0
		牟定县	56	83	369	–	0
		南华县	77	43	283	–	0
		姚安县	55	23	139	–	0
		大姚县	123	58	340	–	0
		永仁县	37	14	116	–	0
		元谋县	159	95	242	–	0
		武定县	78	74	348	–	0
		禄丰县	189	74	512	–	0
	红河哈尼族彝族自治州		1926	1336	7667	20	1
	红河哈尼族彝族自治州	个旧市	171	116	1205	–	1
		开远市	152	52	610	–	0
		蒙自市	393	215	1213	–	0
		弥勒市	238	240	1076	–	0
		屏边苗族自治县	30	33	143	–	0
		建水县	185	124	654	–	0
		石屏县	98	46	321	–	0
		泸西县	112	71	789	–	0
		元阳县	154	44	293	–	0
		红河县	92	75	326	–	0
		金平苗族瑶族傣族自治县	36	30	188	–	0
		绿春县	20	21	165	–	0
		河口瑶族自治县	32	14	279	–	0
	文山壮族苗族自治州		1500	1008	4295	8	0
	文山壮族苗族自治州	文山市	544	369	1676	–	0
		砚山县	161	120	550	–	0
		西畴县	90	32	95	–	0
		麻栗坡县	67	88	190	–	0
		马关县	67	46	178	–	0
		丘北县	82	104	584	–	0
		广南县	208	124	525	–	0
		富宁县	164	50	269	–	0

（续上表）

地　名		申请件数	注册件数	有效注册量	地理标志商标	中国申请人马德里商标有效注册量（一标多类）
西双版纳傣族自治州		2150	1189	5355	5	3
西双版纳傣族自治州	景洪市	876	381	2452	–	2
	勐海县	834	485	1998	–	1
	勐腊县	180	144	535	–	0
大理白族自治州		2959	1356	6671	14	3
云南省	大理市	869	466	2665	–	1
	漾濞彝族自治县	115	56	128	–	0
	祥云县	193	82	596	–	0
	宾川县	255	154	687	–	0
	弥渡县	203	62	284	–	0
大理白族自治州	南涧彝族自治县	144	106	372	–	0
	巍山彝族回族自治县	128	56	292	–	0
	永平县	114	28	165	–	0
	云龙县	227	42	160	–	0
	洱源县	110	53	322	–	0
	剑川县	178	34	221	–	0
	鹤庆县	177	68	357	–	0
德宏傣族景颇族自治州		1297	778	4121	6	1
德宏傣族景颇族自治州	瑞丽市	475	448	2121	–	0
	芒市	267	98	680	–	1
	梁河县	59	36	129	–	0
	盈江县	130	47	322	–	0
	陇川县	76	28	155	–	0
怒江傈僳族自治州		905	158	858	2	0
怒江傈僳族自治州	泸水县	595	102	459	–	0
	福贡县	45	6	59	–	0
	贡山独龙族怒族自治县	29	4	46	–	0
	兰坪白族普米族自治县	190	29	256	–	0
迪庆藏族自治州		838	551	2334	0	5
迪庆藏族自治州	香格里拉市	362	294	1652	–	0
	德钦县	110	28	106	–	0
	维西傈僳族自治县	313	70	254	–	0
西藏自治区		4388	2572	8797	16	4

（续上表）

地 名			申请件数	注册件数	有效注册量	地理标志商标	中国申请人马德里商标有效注册量（一标多类）
		拉萨市	2917	1719	5882	1	4
西藏自治区	拉萨市	城关区	609	263	428	–	0
		林周县	17	6	22	–	0
		当雄县	19	12	111	–	1
		尼木县	6	22	89	–	0
		曲水县	48	29	131	–	0
		堆龙德庆县	222	91	240	–	0
		达孜县	227	71	219	–	0
		墨竹工卡县	24	19	43	–	0
		昌都市	228	103	209	0	0
	昌都市	卡若区	34	26	71	–	0
		江达县	13	2	6	–	0
		贡觉县	6	1	12	–	0
		类乌齐县	5	9	12	–	0
		丁青县	11	9	16	–	0
		察雅县	1	0	3	–	0
		八宿县	8	18	24	–	0
		左贡县	15	5	6	–	0
		芒康县	21	13	21	–	0
		洛隆县	5	0	2	–	0
		边坝县	3	0	0	–	0
		山南地区	371	178	739	3	0
	山南地区	乃东县	54	45	131	–	0
		扎囊县	15	5	35	–	0
		贡嘎县	18	11	23	–	0
		桑日县	9	2	13	–	0
		琼结县	17	4	28	–	0
		曲松县	13	5	19	–	0
		措美县	1	5	20	–	0
		洛扎县	11	17	26	–	0
		加查县	21	25	59	–	0
		隆子县	23	8	24	–	0
		错那县	13	1	6	–	0
		浪卡子县	4	2	13	–	0

（续上表）

地　名			申请件数	注册件数	有效注册量	地理标志商标	中国申请人马德里商标有效注册量（一标多类）
西藏自治区		日喀则市	283	232	601	4	0
	日喀则市	桑珠孜区	35	55	55	–	0
		南木林县	4	2	14	–	0
		江孜县	20	25	44	–	0
		定日县	7	13	69	–	0
		萨迦县	7	2	7	–	0
		拉孜县	5	2	40	–	0
		昂仁县	2	15	18	–	0
		谢通门县	4	7	14	–	0
		白朗县	21	14	26	–	0
		仁布县	8	8	23	–	0
		康马县	5	4	5	–	0
		定结县	1	1	4	–	0
		仲巴县	4	3	7	–	0
		亚东县	0	3	14	–	0
		吉隆县	3	0	4	–	0
		聂拉木县	5	0	17	–	0
		萨嘎县	1	0	0	–	0
		岗巴县	0	0	2	–	0
	那曲地区	那曲地区	179	103	219	4	0
	那曲地区	那曲县	62	40	81	–	0
		嘉黎县	26	0	2	–	0
		比如县	14	15	19	–	0
		聂荣县	0	2	2	–	0
		安多县	0	1	3	–	0
		申扎县	1	0	2	–	0
		索县	36	7	11	–	0
		班戈县	5	1	23	–	0
		巴青县	2	2	3	–	0
		尼玛县	3	0	0	–	0
		双湖县	0	0	0	–	0
	阿里地区	阿里地区	72	24	245	0	0
	阿里地区	普兰县	2	6	15	–	0
		札达县	0	2	49	–	0
		噶尔县	58	5	158	–	0
		日土县	2	0	0	–	0

（续上表）

地　名			申请件数	注册件数	有效注册量	地理标志商标	中国申请人马德里商标有效注册量（一标多类）
西藏自治区	阿里地区	革吉县	0	2	3	–	0
		改则县	1	0	1	–	0
		措勤县	3	5	7	–	0
	林芝地区		328	212	887	4	0
	林芝地区	林芝县	51	90	198	–	0
		工布江达县	12	6	19	–	0
		米林县	10	9	72	–	0
		墨脱县	11	55	64	–	0
		波密县	25	10	70	–	0
		察隅县	5	10	73	–	0
		朗县	29	1	11	–	0
陕西省	陕西省		59416	36041	202095	74	144
	西安市		35710	23887	136889	2	114
	西安市	新城区	1497	1033	5065	–	2
		碑林区	3698	2224	8917	–	3
		莲湖区	3020	2418	8826	–	2
		灞桥区	1033	547	2743	–	0
		未央区	2989	1644	7848	–	0
		雁塔区	5499	2724	11556	–	3
		阎良区	350	136	1119	–	0
		临潼区	429	451	1843	–	1
		长安区	1125	673	3930	–	1
		蓝田县	352	239	1086	–	0
		周至县	563	348	1582	–	1
		户县	468	235	1405	–	0
		高陵区	329	111	470	–	0
	铜川市		668	367	1769	3	0
	铜川市	王益区	115	89	403	–	0
		印台区	153	37	293	–	0
		耀州区	133	75	545	–	0
		宜君县	80	28	90	–	0
	宝鸡市		3178	1815	9480	8	14
	宝鸡市	渭滨区	446	368	1899	–	2
		金台区	370	175	889	–	1
		陈仓区	297	149	852	–	0
		凤翔县	284	221	975	–	0

（续上表）

地 名			申请件数	注册件数	有效注册量	地理标志商标	中国申请人马德里商标有效注册量（一标多类）
陕西省	宝鸡市	岐山县	258	120	703	–	0
		扶风县	260	72	602	–	0
		眉县	339	273	960	–	1
		陇县	76	44	429	–	0
		千阳县	177	22	153	–	0
		麟游县	53	60	154	–	0
		凤县	69	14	129	–	0
		太白县	107	24	108	–	0
	咸阳市		5560	3117	14181	4	8
	咸阳市	秦都区	1648	566	2493	–	0
		杨陵区	90	14	145	–	0
		渭城区	392	216	1513	–	1
		三原县	322	239	1204	–	0
		泾阳县	525	415	1541	–	1
		乾县	292	97	537	–	0
		礼泉县	366	133	531	–	0
		永寿县	69	31	131	–	0
		彬县	135	98	304	–	0
		长武县	43	80	235	–	0
		旬邑县	78	40	264	–	0
		淳化县	76	39	181	–	0
		武功县	239	150	588	–	0
		兴平市	616	605	1308	–	1
	渭南市		3550	1728	10942	7	2
	渭南市	临渭区	469	191	1190	–	0
		华县	110	64	386	–	0
		潼关县	117	32	260	–	0
		大荔县	384	217	1057	–	0
		合阳县	323	79	438	–	0
		澄城县	166	86	513	–	0
		蒲城县	351	291	1990	–	0
		白水县	235	81	610	–	2
		富平县	511	310	1408	–	0
		韩城市	463	109	872	–	0
		华阴市	170	71	512	–	0
	延安市		1495	930	4426	15	1

（续上表）

地　名			申请件数	注册件数	有效注册量	地理标志商标	中国申请人马德里商标有效注册量（一标多类）
陕西省	延安市	宝塔区	516	318	1457	–	0
		延长县	52	25	171	–	0
		延川县	82	62	322	–	1
		子长县	71	50	180	–	0
		安塞县	39	23	117	–	0
		志丹县	37	26	198	–	0
		吴起县	34	30	121	–	0
		甘泉县	110	39	200	–	0
		富县	91	51	268	–	0
		洛川县	179	101	360	–	0
		宜川县	60	33	154	–	0
		黄龙县	52	21	103	–	0
		黄陵县	91	82	248	–	0
	汉中市		1860	967	5464	14	3
	汉中市	汉台区	394	317	1332	–	0
		南郑县	192	93	548	–	0
		城固县	177	117	595	–	0
		洋县	282	85	552	–	0
		西乡县	238	81	705	–	0
		勉县	128	70	581	–	0
		宁强县	100	56	354	–	0
		略阳县	69	28	216	–	0
		镇巴县	115	47	186	–	0
		留坝县	59	22	82	–	0
		佛坪县	50	9	29	–	0
	榆林市		2614	1325	9836	8	1
	榆林市	榆阳区	625	298	2333	–	1
		神木县	465	290	1947	–	0
		府谷县	129	45	799	–	0
		横山县	158	34	544	–	0
		靖边县	181	92	558	–	0
		定边县	297	142	555	–	0
		绥德县	160	47	335	–	0
		米脂县	130	45	506	–	0
		佳县	91	50	227	–	0
		吴堡县	34	22	112	–	0

（续上表）

地　名		申请件数	注册件数	有效注册量	地理标志商标	中国申请人马德里商标有效注册量（一标多类）
榆林市	清涧县	87	72	250	–	0
	子洲县	83	30	217	–	0
安康市		2264	818	3680	6	0
安康市	汉滨区	734	312	1112	–	0
	汉阴县	208	87	346	–	0
	石泉县	113	41	260	–	0
	宁陕县	53	31	89	–	0
	紫阳县	218	70	269	–	0
	岚皋县	92	21	307	–	0
	平利县	252	60	267	–	0
	镇坪县	140	17	105	–	0
	旬阳县	156	79	373	–	0
	白河县	149	40	122	–	0
商洛市		1467	612	3003	7	1
商洛市	商州区	331	94	400	–	0
	洛南县	163	73	477	–	0
	丹凤县	91	71	296	–	0
	商南县	238	120	487	–	1
	山阳县	266	124	594	–	0
	镇安县	133	59	324	–	0
	柞水县	211	46	345	–	0
杨凌示范区		749	307	2163	0	0
甘肃省		17958	7580	41430	62	14
兰州市		6428	3183	18274	2	8
兰州市	城关区	3399	1912	11533	–	4
	七里河区	841	397	2563	–	2
	西固区	180	137	904	–	0
	安宁区	528	153	997	–	1
	红古区	79	22	134	–	0
	永登县	183	81	418	–	0
	皋兰县	73	60	254	–	0
	榆中县	430	185	673	–	0
嘉峪关市		209	89	688	0	3
金昌市		298	126	802	0	1
金昌市	金川区	143	60	233	–	0
	永昌县	146	56	270	–	0

（续上表）

地 名			申请件数	注册件数	有效注册量	地理标志商标	中国申请人马德里商标有效注册量（一标多类）
甘肃省		白银市	1058	465	2440	2	0
	白银市	白银区	313	117	672	–	0
		平川区	74	46	193	–	0
		靖远县	302	149	521	–	0
		会宁县	169	63	359	–	0
		景泰县	180	70	544	–	0
		天水市	1167	408	2582	9	0
	天水市	秦州区	300	122	766	–	0
		麦积区	193	122	636	–	0
		清水县	75	19	120	–	0
		秦安县	201	43	368	–	0
		甘谷县	149	25	236	–	0
		武山县	131	41	191	–	0
		张家川回族自治县	70	17	98	–	0
		武威市	1034	487	2099	4	0
	武威市	凉州区	564	298	1116	–	0
		民勤县	197	77	366	–	0
		古浪县	162	36	165	–	0
		天祝藏族自治县	75	68	172	–	0
		张掖市	1040	356	1892	5	0
	张掖市	甘州区	442	184	732	–	0
		肃南裕固族自治县	44	6	74	–	0
		民乐县	187	57	308	–	0
		临泽县	78	37	186	–	0
		高台县	156	20	138	–	0
		山丹县	113	40	179	–	0
		平凉市	973	305	1740	8	0
	平凉市	崆峒区	428	108	576	–	0
		泾川县	125	29	171	–	0
		灵台县	93	18	106	–	0
		崇信县	22	12	62	–	0
		华亭县	64	17	91	–	0
		庄浪县	92	32	116	–	0
		静宁县	119	76	382	–	0
		酒泉市	998	423	2184	2	1
	酒泉市	肃州区	431	193	786	–	0

（续上表）

地 名			申请件数	注册件数	有效注册量	地理标志商标	中国申请人马德里商标有效注册量（一标多类）
甘肃省	酒泉市	金塔县	76	24	165	–	0
		瓜州县	92	49	195	–	0
		肃北蒙古族自治县	5	5	34	–	0
		阿克塞哈萨克族自治县	26	0	13	–	0
		玉门市	66	20	194	–	0
		敦煌市	246	111	553	–	0
	庆阳市		1255	351	1753	5	0
	庆阳市	西峰区	514	141	654	–	0
		庆城县	79	30	153	–	0
		环县	83	39	126	–	0
		华池县	91	3	90	–	0
		合水县	44	22	127	–	0
		正宁县	71	14	83	–	0
		宁县	200	39	245	–	0
		镇原县	142	45	226	–	0
	定西市		1192	451	2181	8	1
	定西市	安定区	264	144	499	–	1
		通渭县	184	31	176	–	0
		陇西县	232	100	547	–	0
		渭源县	124	42	168	–	0
		临洮县	148	65	438	–	0
		漳县	51	22	70	–	0
		岷县	123	42	217	–	0
	陇南市		1285	380	1941	3	0
	陇南市	武都区	529	96	436	–	0
		成县	220	52	185	–	0
		文县	66	44	246	–	0
		宕昌县	53	22	191	–	0
		康县	95	36	233	–	0
		西和县	85	13	102	–	0
		礼县	85	27	118	–	0
		徽县	93	59	331	–	0
		两当县	30	14	54	–	0
	临夏回族自治州		676	311	1647	6	0

（续上表）

地 名			申请件数	注册件数	有效注册量	地理标志商标	中国申请人马德里商标有效注册量（一标多类）
甘肃省	临夏回族自治州	临夏市	177	87	500	–	0
		临夏县	95	50	183	–	0
		康乐县	84	23	130	–	0
		永靖县	72	51	302	–	0
		广河县	48	28	185	–	0
		和政县	33	12	94	–	0
		东乡族自治县	82	29	140	–	0
		积石山保安族东乡族撒拉族自治县	63	24	83	–	0
	甘南藏族自治州		342	242	1178	8	0
	甘南藏族自治州	合作市	102	57	268	–	0
		临潭县	23	24	121	–	0
		卓尼县	40	51	132	–	0
		舟曲县	40	24	75	–	0
		迭部县	34	12	138	–	0
		玛曲县	19	6	104	–	0
		碌曲县	23	15	74	–	0
		夏河县	55	46	241	–	0
青海省	青海省		6716	3303	18537	33	4
	西宁市		3760	1857	11217	3	2
	西宁市	城东区	513	325	1400	–	0
		城中区	779	392	1765	–	0
		城西区	733	318	1362	–	1
		城北区	619	322	1278	–	0
		大通回族土族自治县	92	74	436	–	0
		湟中县	224	88	690	–	0
		湟源县	63	7	170	–	0
	海东市		994	431	2295	8	1
	海东市	乐都区	82	34	366	–	0
		平安县	132	46	320	–	0
		民和回族土族自治县	86	37	162	–	0
		互助土族自治县	216	150	628	–	1
		化隆回族自治县	101	61	267	–	0
		循化撒拉族自治县	130	70	511	–	0
	海北藏族自治州		320	106	683	10	0

（续上表）

地　名		申请件数	注册件数	有效注册量	地理标志商标	中国申请人马德里商标有效注册量（一标多类）
海北藏族自治州	门源回族自治县	106	35	164	–	0
	祁连县	82	20	232	–	0
	海晏县	96	35	119	–	0
	刚察县	23	11	105	–	0
黄南藏族自治州		143	109	443	0	0
黄南藏族自治州	同仁县	59	34	156	–	0
	尖扎县	33	55	138	–	0
	泽库县	32	12	57	–	0
	河南蒙古族自治县	13	8	75	–	0
	李家峡	0	0	11	–	0
海南藏族自治州		244	160	766	5	0
海南藏族自治州	共和县	102	97	391	–	0
	同德县	30	8	33	–	0
	贵德县	52	29	172	–	0
	兴海县	27	13	82	–	0
	贵南县	23	12	65	–	0
	龙羊峡	6	0	4	–	0
果洛藏族自治州		161	75	301	1	0
果洛藏族自治州	玛沁县	41	32	115	–	0
	班玛县	39	7	49	–	0
	甘德县	2	0	17	–	0
	达日县	54	3	21	–	0
	久治县	11	27	66	–	0
	玛多县	11	0	24	–	0
玉树藏族自治州		319	185	658	2	1
玉树藏族自治州	玉树市	162	119	411	–	1
	杂多县	21	5	27	–	0
	称多县	30	12	83	–	0
	治多县	7	9	25	–	0
	囊谦县	23	5	36	–	0
	曲麻莱县	45	20	49	–	0
海西蒙古族藏族自治州		731	375	2136	0	0
海西蒙古族藏族自治州	格尔木市	169	166	1104	–	0
	德令哈市	235	64	334	–	0
	乌兰县	79	35	157	–	0

青海省

（续上表）

地　名			申请件数	注册件数	有效注册量	地理标志商标	中国申请人马德里商标有效注册量（一标多类）
青海省	海西蒙古族藏族自治州	都兰县	197	98	381	–	0
		天峻县	20	6	101	–	0
宁夏回族自治区	宁夏回族自治区		9439	5932	25546	19	17
	银川市		5266	3646	15517	4	9
	银川市	兴庆区	1776	1179	4499	–	0
		西夏区	465	288	993	–	0
		金凤区	1274	870	2268	–	2
		永宁县	282	218	1125	–	1
		贺兰县	246	184	656	–	0
		灵武市	259	174	800	–	0
	石嘴山市		486	321	1694	1	5
	石嘴山市	大武口区	154	113	592	–	2
		惠农区	62	73	350	–	2
		平罗县	168	110	645	–	0
	吴忠市		1400	754	2974	4	3
	吴忠市	利通区	389	162	658	–	0
		红寺堡区	110	133	299	–	0
		盐池县	154	111	380	–	1
		同心县	249	73	278	–	0
		青铜峡市	272	160	759	–	2
	固原市		676	329	1337	6	0
	固原市	原州区	293	55	280	–	0
		西吉县	87	24	153	–	0
		隆德县	45	115	278	–	0
		泾源县	23	18	80	–	0
		彭阳县	180	35	232	–	0
	中卫市		1360	794	3904	2	0
	中卫市	沙坡头区	358	190	627	–	0
		中宁县	799	417	1489	–	0
		海原县	63	40	167	–	0
新疆维吾尔自治区			34136	19648	101062	78	95

（续上表）

地　名		申请件数	注册件数	有效注册量	地理标志商标	中国申请人马德里商标有效注册量（一标多类）
乌鲁木齐市		12814	7677	42608	0	62
乌鲁木齐市	天山区	5093	2843	9322	–	5
	沙依巴克区	2136	1330	4219	–	1
	新市区	1871	884	3658	–	2
	水磨沟区	794	541	2094	–	0
	头屯河区	353	176	882	–	2
	达坂城区	39	23	206	–	0
	米东区	589	334	1521	–	1
	乌鲁木齐县	91	77	544	–	0
克拉玛依市		443	207	1579	0	2
克拉玛依市	独山子区	35	38	249	–	0
	克拉玛依区	155	72	261	–	1
	白碱滩区	58	25	155	–	1
	乌尔禾区	23	3	34	–	0
吐鲁番市		460	262	1738	3	4
吐鲁番市	高昌区	69	73	850	–	0
	鄯善县	191	90	540	–	4
	托克逊县	64	48	252	–	0
哈密地区		630	316	1592	2	0
哈密地区	哈密市	536	247	1254	–	0
	巴里坤哈萨克自治县	52	43	191	–	0
	伊吾县	14	13	46	–	0
昌吉回族自治州		2051	1242	7297	14	9
昌吉回族自治州	昌吉市	977	608	3548	–	
	阜康市	148	156	742	–	1
	呼图壁县	157	104	591	–	0
	玛纳斯县	118	84	518	–	0
	奇台县	219	141	737	–	1
	吉木萨尔县	196	64	416	–	0
	木垒哈萨克自治县	88	32	326	–	0
博尔塔拉蒙古自治州		449	189	1490	1	2
博尔塔拉蒙古自治州	博乐市	227	122	954	–	2

新疆维吾尔自治区

（续上表）

地 名		申请件数	注册件数	有效注册量	地理标志商标	中国申请人马德里商标有效注册量（一标多类）
新疆维吾尔自治区	博尔塔拉蒙古自治州	阿拉山口市	7	3	46	–	0
		精河县	85	43	321	–	0
		温泉县	59	14	143	–	0
	巴音郭楞蒙古自治州		1655	1024	6782	8	3
	巴音郭楞蒙古自治州	库尔勒市	866	540	4001	–	0
		轮台县	73	26	180	–	0
		尉犁县	196	97	389	–	0
		若羌县	61	18	304	–	0
		且末县	45	22	116	–	0
		焉耆回族自治县	114	125	727	–	1
		和静县	110	114	520	–	0
		和硕县	83	55	281	–	1
		博湖县	34	16	187	–	1
	阿克苏地区		2025	1176	6136	15	0
	阿克苏地区	阿克苏市	654	371	2271	–	0
		温宿县	163	67	587	–	0
		库车县	386	136	897	–	0
		沙雅县	89	46	316	–	0
		新和县	118	156	567	–	0
		拜城县	103	50	328	–	0
		乌什县	101	47	149	–	0
		阿瓦提县	199	135	573	–	0
		柯坪县	66	63	166	–	0
	克孜勒苏柯尔克孜自治州		658	299	1504	6	1
	克孜勒苏柯尔克孜自治州	阿图什市	487	177	1083	–	1
		阿克陶县	123	77	239	–	0
		阿合奇县	10	9	19	–	0
		乌恰县	24	35	160	–	0
	喀什地区		3683	2092	9802	12	0
	喀什地区	喀什市	1566	931	4815	–	0
		疏附县	176	107	489	–	0
		疏勒县	163	125	462	–	0
		英吉沙县	64	40	307	–	0
		泽普县	150	76	343	–	0
		莎车县	337	197	869	–	0
		叶城县	195	162	669	–	0

（续上表）

地 名			申请件数	注册件数	有效注册量	地理标志商标	中国申请人马德里商标有效注册量（一标多类）
新疆维吾尔自治区	喀什地区	麦盖提县	90	53	288	–	0
		岳普湖县	128	42	216	–	0
		伽师县	233	122	450	–	0
		巴楚县	158	122	580	–	0
		塔什库尔干塔吉克自治县	14	32	94	–	0
	和田地区		3059	2081	6882	8	1
	和田地区	和田市	872	750	2512	–	0
		和田县	267	173	740	–	0
		墨玉县	898	544	1779	–	0
		皮山县	163	93	373	–	0
		洛浦县	291	227	591	–	0
		策勒县	123	69	260	–	0
		于田县	343	185	502	–	0
		民丰县	13	9	45	–	0
	伊犁哈萨克自治州		2729	1269	6455	4	6
	伊犁哈萨克自治州	伊宁市	1009	426	2154	–	3
		奎屯市	232	155	655	–	0
		伊宁县	166	114	480	–	0
		察布查尔锡伯自治县	227	76	580	–	0
		霍城县	237	147	759	–	2
		巩留县	111	43	174	–	0
		新源县	154	85	694	–	0
		昭苏县	73	40	233	–	0
		特克斯县	75	34	243	–	0
		尼勒克县	83	36	207	–	0
		霍尔果斯市	242	90	201	–	0
	塔城地区		760	388	1897	3	1
	塔城地区	塔城市	112	65	351	–	1
		乌苏市	155	104	486	–	0
		额敏县	138	64	360	–	0
		沙湾县	192	94	335	–	0
		托里县	25	6	134	–	0
		裕民县	25	7	59	–	0
		和布克赛尔蒙古自治县	19	20	115	–	0
	阿勒泰地区		451	274	1434	2	1

（续上表）

地　名			申请件数	注册件数	有效注册量	地理标志商标	中国申请人马德里商标有效注册量（一标多类）
新疆维吾尔自治区	阿勒泰地区	阿勒泰市	158	78	371	–	1
		布尔津县	30	46	286	–	0
		富蕴县	64	25	187	–	0
		福海县	61	47	184	–	0
		哈巴河县	47	51	183	–	0
		青河县	20	8	132	–	0
		吉木乃县	21	8	73	–	0
	石河子市		265	215	1588	–	0
	阿拉尔市		187	91	683	–	0
	图木舒克市		79	70	208	–	0
	五家渠市		59	62	393	–	0
	铁门关市		13	2	2	–	0
	北屯市		68	18	63	–	0
	双河市		3	0	0	–	0
中国香港			65837	65743	329482	–	6
中国澳门			818	829	4231	–	0
中国台湾			19229	16477	142297	5	268
境外							2
合计							22270

▲ 注："–"表示该地区未统计。

责任编辑 / 权燕子　张亚丹

封面设计 / 纺印图文

图书在版编目（CIP）数据

中国商标战略年度发展报告 . 2016 / 中华人民共和国国家工商行政管理总局
商标局 , 商标评审委员会编著 . ——北京 : 中国工商出版社 , 2017.4

ISBN 978-7-80215-949-5

Ⅰ . ①中… Ⅱ . ①国… ②商… Ⅲ . ①商标管理—研究报告—中国— 2016

Ⅳ . ① F760.5

中国版本图书馆 CIP 数据核字 (2017) 第 074332 号

书名 / 中国商标战略年度发展报告（2016）

编著 / 中华人民共和国国家工商行政管理总局商标局　商标评审委员会

出版·发行 / 中国工商出版社

经销 / 新华书店

印刷 / 北京柏力行彩印有限公司

开本 / 889 毫米 × 1194 毫米　1/16　**印张** / 15　**字数** / 320 千字

版本 / 2017 年 4 月第 1 版　2017 年 4 月第 1 次印刷

社址 / 北京市丰台区花乡育芳园东里 23 号（100070）

电话 /(010) 63730074　**传真** /63725178

电子邮箱 / fx63730074@163.com　**微信号** /zggscbs

出版声明 / 版权所有 , 侵权必究

书号 : ISBN 978-7-80215-949-5

定价 : 80.00 元